CHRISTOPH SANTNER

Alles KI?

GOLDMANN

Buch

Sowohl im Alltag als auch in der Wirtschaft und Wissenschaft übernimmt die KI vielfältige Aufgaben: ob sie – mit Sensoren bestimmter Fitnesstracker gekoppelt – als Frühwarnsystem bei medizinischen Notfällen dient, sich mit ihrer Hilfe selbstfahrende Autors steuern lassen, oder Künstliche Intelligenz Lösungen für den Klimawandel, die Inflation, Pandemien und andere gesellschaftliche Krisen liefert. Der KI-Stratege Christoph Santner beschäftigt sich seit den 1980ern mit Künstlicher Intelligenz und liefert spannende Insights von Expert*innen aus der Forschung, den Big Playern einschlägiger KI-Firmen ebenso wie Tech-Start-up-Gründer*innen. Er legt ein umfassendes Einstiegswerk vor, das Berührungsängste abbaut, die Einsatzgebiete der KI verständlich erklärt und neben einhergehenden Chancen auch Herausforderungen in den Blick nimmt. Denn eine Auseinandersetzung mit dem Thema Künstliche Intelligenz ist für uns alle unabdingbar, wenn wir nicht abgehängt werden und die KI zu unserem persönlichen Vorteil nutzen wollen.

Autor

Der Journalist, Autor und KI-Stratege Christoph Santner, geboren 1961 in Innsbruck, setzt sich seit den 80er-Jahren mit Künstlicher Intelligenz auseinander. Er interviewte unzählige Pioniere und Pionierinnen der KI-Forschung und Robotik und ist regelmäßig auf Branchenkonferenzen geladen, wie zuletzt beim »AI for Good Global Summit« der UNO. Als Experte für Künstliche Intelligenz der Zeitschrift forum Nachhaltig Wirtschaften steht er mit AI-Labs, führenden Unternehmen und Start-ups der Szene in Kontakt. Als KI-Consultant berät er Unternehmen bei der Entwicklung und Implementierung von KI-Strategien. Und er gründete die »AInitiative to aimprove (y)our future«, wo er sich mit Gleichgesinnten der Realisierung von »AI for Good« verschrieben hat.

CHRISTOPH SANTNER

ALLES KI ?

Das erste Buch mit eigener KI – mit exklusivem Zugangscode

Die neue Welt der Künstlichen Intelligenz verstehen und nutzen

Mit einem Vorwort von Dr. Ben Goertzel

GOLDMANN

Alle Ratschläge in diesem Buch wurden vom Autor und vom Verlag sorgfältig erwogen und geprüft. Eine Garantie kann dennoch nicht übernommen werden. Eine Haftung des Autors beziehungsweise des Verlags und seiner Beauftragten für Personen-, Sach- und Vermögensschäden ist daher ausgeschlossen.

MIX
Papier | Fördert gute Waldnutzung
FSC® C014496

Penguin Random House Verlagsgruppe FSC® N001967

2. Auflage
Originalausgabe August 2024

in der Penguin Random House Verlagsgruppe GmbH,
Neumarkter Str. 28, 81673 München
produktsicherheit@penguinrandomhouse.de
(Vorstehende Angaben sind zugleich Pflichtinformationen nach GPSR)

Redaktion: Peter Sich
Umschlag: Uno Werbeagentur, München
Umschlagmotiv: © FinePic®, München
Satz: Satzwerk Huber, Germering
Druck und Bindung: GGP Media GmbH, Pößneck
Printed in Germany
AR · CB
ISBN 978-3-442-18018-9

www.goldmann-verlag.de

Für Christine Papadopoulos
und für alle Brüder, Schwestern und Roboter im Geiste,
die unsere Welt zum Guten verändern wollen,
mit menschlicher und künstlicher Intelligenz zugleich

Und hier ist er schon,
der Zugangscode zur eigenen KI:
Eingabe auf www.allesKI.com
Passwort: Goldmann

Inhalt

AI: Power to the people
Vorwort von Dr. Ben Goertzel

KI-Koryphäe Dr. Ben Goertzel (rechts) mit Autor Christoph Santner

Als ich Christoph Santner 2023 auf der »AI for Good«-Konferenz der Vereinten Nationen in Genf kennenlernte, war eines schnell klar: Uns beide verbindet primär die Absicht, KI für das Gute zu nutzen, für eine positive Zukunft der gesamten Menschheit und aller fühlenden Wesen. Er interviewte mich dann ausführlich, und zwar unmittelbar nach einer ebenso unterhaltsamen wie intellektuell anregenden Veranstaltung – der ersten großen Roboter-Pressekonferenz der Welt, bei der neun humanoide Roboter vor staunenden Journalisten auftraten.

Mein Team von SingularityNet steuerte zwei dieser Roboter bei, die beide recht überzeugende Antworten auf alle Fragen der Journalisten gaben: den Gesundheitsroboter Grace von Awakening Health und den Roboter Desdemona, mit dem ich später am Abend mit unserer Band Desdemona's Dream auf der Bühne stand.

Christoph und ich sprachen an diesem Tag über meine Perspektiven in Bezug auf die Zukunft von Artifizieller Intelligenz und auf Roboter und darüber, wie sie der Menschheit auf verschiedene Weise helfen können, jetzt, wo sie heranreifen. Wie ich es damals kommunizierte, betrachte ich AI/KI und Roboter als unsere »geistigen Kinder«, die wir jetzt richtig erziehen müssen, damit sie uns, wenn sie erwachsen sind, als ihre Eltern akzeptieren und uns gut behandeln, auch wenn ihr Intellekt und ihre Fähigkeiten den unseren in vielerlei Hinsicht überlegen sein werden.

Christophs Gedanken zur KI, die er in unseren Gesprächen und in seinem Buch darlegt, stimmen weitgehend mit meinen überein, aber er hat auch seine ganz eigene Note und Sichtweise, und genau so soll es auch sein.

KI hat sich zu einem so dringlichen und bahnbrechenden Thema entwickelt, dass sich jeder einzelne Mensch auf diesem Planeten damit auseinandersetzen, selbst darüber nachdenken und idealerweise sein eigenes Manifest formulieren sollte. In diesem Sinne vermittelt Christophs Buch nicht nur einige Grundlagen der KI, sondern es regt auch dazu an, diese neue Welt mit all ihren wilden und weitreichenden Konsequenzen zu erkunden. Dem Buch eine Beilage zu geben in Form eines eigenen, maßgeschneiderten Open-Source-KI-Chatbots, ist ebenfalls eine hervorragende Sache!

Wie ich selbst und immer mehr andere Personen ist auch Christoph daran interessiert, die *Beneficial General Intelligence* (Förderliche Allgemeine Intelligenz), wie ich sie nenne, zu unterstützen und aufzubauen. BGI hat das Potenzial, bei Weitem das Beste zu sein, was der Menschheit je passiert ist – und ganz allgemein dem Leben auf der Erde (und darüber hinaus). Es ist erstaunlich, in der Zeit eines so faszinierenden und gewaltigen Wandels zu leben. Wir unternehmen hier etwas noch nie Dagewesenes, wir wagen uns ins große Unbekannte – so wie es die Menschheit tat, als sie die Landwirtschaft und die Sprache erfand und als sie die industrielle Revolution einleitete.

Solche gewaltigen Abenteuer gehen mit keinem hohen Maß an Gewissheit einher. Sie sind riskante Unternehmungen. Aber sie sind auch von zentraler Bedeutung für die menschliche Natur und Geschichte. Und alles, was wir tun können, um mehr Menschen zu größerer Aufgeschlossenheit und Offenherzigkeit zu bewegen, wird ebenfalls von großem Nutzen sein. Ich hoffe, dass die Lektüre von Christophs Buch Ihnen tiefe Einblicke in die KI, in unsere Zukunft – und vor allem in Ihr eigenes Leben und Ihre Menschlichkeit gibt, die sich in der kommenden Ära voraussichtlich auf verschiedenste Weisen mit der Künstlichen Intelligenz mitentwickeln wird.

Dr. Ben Goertzel, CEO SingularityNET & TrueAGI, Gründer des OpenCog Project, https://singularitynet.io/ https://trueagi.io

Das Interview mit Dr. Ben Goertzel findet sich auf Seite 147.

Pressekonferenz mit neun humanoiden Robotern beim Kongress »AI for Good« der Vereinten Nationen/Internationale Fernmeldeunion (International Telecommunication Union, ITU) 2023. Rechts im Bild: Dr. Ben Goertzel.

Daumen rauf oder runter? Der Vorab-Test, ob dieses Buch gut für dich ist

Ich hoffe, das »Du« ist okay. Ich benutze es, weil ich mich auf gleicher Augenhöhe mit dir sehe. Wir alle sind ja Menschenkinder, unterwegs auf unserer Lebensreise, jeder so gut wie er oder wie sie kann. Nicht mehr und nicht weniger.

Nun stehen wir als Menschheit vor der gemeinsamen Herausforderung Künstliche Intelligenz (KI, engl.: *artificial intelligence*, AI). *We are in this together.*

Ich bin davon überzeugt, dass wir Erdenbürger und Vertreter dieser besonderen Spezies namens Homo sapiens einen guten Weg finden werden, damit umzugehen. *Sapiens* heißt ja: »klug«, »vernünftig«. Empirisch gesehen sind wir das nicht immer. Aber zumindest waren wir gescheit genug, Computer und KI zu entwickeln. In meinen Augen sind diese beiden Erfindungen Hilfsmittel, um wahrhaft *sapiens* werden zu können. In hundert Jahren wissen Historiker dann vielleicht, ob wir diese Herausforderung gemeistert haben werden. Das hängt nun stark von unserer Generation ab. Davon, welche Weichen wir jetzt für und mit KI stellen. Und davon, wie wir sie konkret gebrauchen, diese Superpower.

Was also ist deine Position zu KI? Willst du dir selbst ein Bild machen? Mit den folgenden zehn Fragen und Aussagen möchte ich dir eine Grundlage bieten, um herauszufinden, ob es für dich sinnvoll ist, dich in dieses Thema und in die kommenden Seiten zu vertiefen.

1. KI ist unser neues Superfood – nicht in die Welt gekommen, um uns zu vernichten, sondern um unsere Fähigkeiten zu boostern, unserem Gehirn zusätzliche PS zu geben, und um unser Leben einfacher, besser und spannender zu machen. Die Risiken der KI werden wir in den Griff bekommen. Sie ist eine der großen Chancen unserer Zeit. Um es mit einem Sprichwort auszudrücken: Wenn der Wind des Wandels weht, baue ich lieber Windmühlen als Schutzmauern.

   Einverstanden?

2. Heutige Künstliche Intelligenz ist schlau und kreativ, fast schon eine Alleskönnerin. Und sie lernt jeden Tag dazu. Da ist es besser, sie zum besten Kumpel und zur Verbündeten zu haben, um smarter und kreativer zu werden.

   Macht das für dich Sinn?

3. Immer wieder in der Geschichte glaubten Warner und Pessimisten, dies wäre nun der Untergang: dampfende Eisenbahnen, mechanische Webstühle, Elektrizität. Bei all diesen Innovationen gab es anfangs Skeptiker und Verweigerer. Warum sind diese weitgehend verstummt? Weil letztlich die vielen Vorteile die Nachteile überwogen haben und wir Men-

schen gelernt haben, diese Errungenschaften zu bändigen und sinnvoll einzusetzen. Genauso wird es bei der KI sein.

D'accord?

4. KI hat viele Gesichter, fiese und freundliche. Klar, es gibt problematische Aspekte wie Überwachung, Cyberkriminalität, KI-Waffensysteme, Deep Fakes. Wenn wir beide Seiten abwägen, sieht es aber so aus: In Summe schafft KI enorm viele neue Chancen und ist eher Teil der Lösung als Teil des Problems, weil sie uns kreative Resultate liefert – ob in Medizin, Forschung, Kultur, Nachhaltigkeit, Industrie oder in der Arbeitswelt. Wir halten es mit Hölderlin: »Wo aber Gefahr ist, wächst das Rettende auch.«

   Kannst du das nachvollziehen?

5. Es ist unverantwortlich, ja geradezu fahrlässig, Menschen in unseren Breiten von der Künstlichen Intelligenz fernzuhalten. In Hongkong bekommen Schüler ab dreizehn Jahren seit diesem Jahr KI-Unterricht. Und während KI heute schon die meisten jungen Amerikaner, Chinesen, Skandinavier und Balten boostert, sind wir in Mitteleuropa eher im Bummelzug unterwegs. Aber im internationalen Wettbewerb ist es riskant, KI *nicht* zu nutzen. Denn sie zu beherrschen, wird im Berufsleben von morgen unumgänglich sein. Diese Fähigkeit sollte deshalb gefördert werden.

   Das ist doch klar, oder?

6. KI ist das, was wir daraus machen. Sie ist ein Werkzeug, allerdings eines mit verdammt viel Grips, Bits & Bytes. Und wie viele Werkzeuge ist sie zweischneidig. Aber der absolute Großteil der Menschen setzt sie für Gutes ein – und schafft dadurch mehr neue Chancen als Probleme. So wie ein Architekt, der nur dann ein Haus einreißt, wenn er dafür ein Neues baut.

   Sind wir uns da einig?

7. KI lockt uns aus unserer Komfortzone heraus. Sie bringt uns dazu, neu über unser Leben, unsere Gesellschaft und unser Menschsein nachzudenken. Neu zu definieren, wer wir als Menschen sind und sein wollen. So kann uns KI in eine neue Lebensrealität begleiten. Auf die nächste Stufe der individuellen und kollektiven Entwicklung – oder glaubst du, wir im ersten Viertel des 21. Jahrhunderts wären die ultimative Krönung der Schöpfung, der fulminante Höhepunkt der Evolution, nach dem es keine Optimierungen mehr gibt? Sicherlich nicht; denn mit KI starten wir erst so richtig durch.

   Okay?

8. Um die großen Herausforderungen unserer verkorksten Welt zu bewältigen, brauchen wir mehr, nicht weniger Intelligenz. Also lieber Künstliche Intelligenz als menschliche Dummheit. KI ist im Kampf gegen Ignoranz und Blödheit ein mächtiges, sinnvolles Instrument.

   Stimmt doch, oder?

9. Es gibt viel zu tun. KI kann dabei helfen, die anstehenden Herausforderungen anzupacken und uns nicht unterkriegen zu lassen. Sie kann zum Anti-Krisen-Depressivum werden. Sie unterstützt uns darin, kreative Lösungen zu finden. Sie ermutigt, befähigt, *beklugt* uns.

   Glaubst du mir das?

Du findest das alles viel zu theoretisch und willst lieber deine eigenen Erfahrungen machen, anstatt dir von mir auf 200 Seiten etwas über KI erzählen zu lassen? Nun, dann kannst du auch diesen Punkt abhaken: Denn zu diesem Buch gehört eine eigene KI. Du findest sie auf www.allesKI.com Viel Spaß.

10. Und jetzt noch der »Vampir-Test«, wie ich ihn nenne. Das bisher Gelesene – interessiert es dich und regt es dich an, offen auf das Thema KI zuzugehen? Oder sagst du: »Alles Bullshit«? Soll heißen: Wenn dir von den bisherigen Zeilen Energie genommen wird wie von einem Vampir, dann lass es lieber. In meinen Augen wurde KI geschaffen, um ein Plus in der Welt zu sein, kein Minus. Dein möglicher Widerspruch ist okay für mich. Reibungswärme erzeugt Energie. Aber lies nur weiter, wenn dich dieses Thema wirklich inspiriert und wenn dich meine positive Herangehensweise nicht nervt.

    Akzeptiert?

ERGEBNIS: Du musst mir nicht in jedem Punkt zustimmen, ganz klar. Aber wenn du mehr als die Hälfte dieser Statements unterschreiben kannst, wirst du davon profitieren, jetzt durchzustarten. Wenn nicht, dann kauf dir lieber die Bücher der KI-Weltuntergangspropheten. Und wirf dein Handy weg, denn da ist bereits KI drin, zumindest in zahlreichen Apps. Ich verstehe es ja: Es ist so aufregend, sich über KI aufzuregen! Falls du also gerne die schwarze Brille aufsetzt, und falls du vom Virus der *German Angst* infiziert bist, leg dieses Buch jetzt schnell aus der Hand und probiere keinesfalls die mitgelieferte KI auf www.allesKI.com. Sie könnte dich mit einer realistischeren – sprich: optimistischeren – Sichtweise anstecken. Glaub es mir, sie könnte dich eines Besseren belehren.

Einleitung und Anleitung mit Umleitung zur Hinleitung

Vor Kurzem sah ich mir noch einmal eine TV-Reportage an, die ich 1992, also noch bevor es bei uns Internet gab, über den radikalen australischen Performance-Künstler Stelarc für den ORF gedreht hatte. Der Film trägt den Titel: »Mensch – Maschine – Maschinenmensch«.[1]

Darin ist Stelarc bei seiner Performance im Rahmen der legendären Ars Electronica in Linz zu sehen. Fast nackt steht er auf der Bühne, allein, x-fach verkabelt, mit sonderlichen Gerätschaften verbunden, ausgestattet mit allerhand Medizintechnik – mit Roboterarmen und einer zusätzlichen künstlichen Handprothese. Er würgt eine Sonde mit Kamera hinunter. Die Live-Übertragung aus seinem Magen ist als großformatige Projektion für alle sichtbar. Die Würgegeräusche, Stelarcs verstärkte Hirnströme, die Lungenfunktionen und der Herzschlag bilden eine intensive Soundkulisse.

»Wie können wir dem Menschen ein neues, besseres Design geben?«, fragt Stelarc im Interview. Ich schloss die Reportage mit dem Satz: »Stelarc will den ganzen Traum vom Maschinenmenschen wahr machen, so faszinierend – oder so erschreckend – er auch sein mag.«[2]

Der australische »Maschinenmensch«, Performance-Künstler und Forscher Stelarc bei einer Performance 1992

Stelarc hatte sich zu dieser Zeit bereits erste technische Bauteile in den Körper hineinimplantiert. Im Interview erzählte er mir, dass er davon träume, lange genug zu leben, um sich eines Tages seine Haut auf Fotosynthese umbauen lassen zu können. Dann wolle er sich in den Verdauungstrakt, den er dann ja nicht mehr bräuchte, jede Menge Technik installieren. Er wisse schon genau, was.[3]

In Filmen wie diesem zeigte ich schon in den späten 80er- und frühen 90er-Jahren, wie die Schrittmacher unseres Fortschritts an der Symbiose von Mensch und Maschine arbeiteten und in künstlichen 3D-Universen unterwegs waren, wie wir sie heute von *Metaverse* & Co. kennen. Ich besuchte in dieser Zeit zahlreiche Kongresse und Symposien zur Künstlichen Intelligenz. All das ist jetzt mehr als dreißig Jahre her.

Und trotz dieser frühen Abhärtung zu KI und Robotik überrollen mich in den letzten beiden Jahren die Infos zu diesen Themen wie ein Tsunami. Fast jeder Bereich des Lebens wird jetzt von KI durchdrungen. Sie erobert ihren Platz in unserem Alltag, ob wir das wollen oder nicht. Und auch die Robotik macht sich mehr und mehr breit und verhilft der Künstlichen Intelligenz zu konkreten Körpern.

In meinem Arbeitszimmer steht dieser Tisch mit Stapeln voller Karteikarten in 72 Kategorien, in denen ich den Stoff für dieses Buch gesammelt habe, in mehr als einem Jahr des täglichen Recherchierens. Es gab Momente, da stand ich kurz davor, alles in den Ofen oder zum Altpapier zu werfen. So sehr überforderte mich dieses Thema, an dem ich als Journalist doch bereits seit mehr als dreißig Jahren arbeite. Öfters hatte ich im Schreibprozess die Angst, sie verschlinge mich, diese Monsterwelle.

Dieses Buch hat mich nicht nur mental gefordert, sondern auch existenziell. Psychisch. Philosophisch. Es hat mich dazu gebracht, meine Welt-Anschauung und die Stellung des Menschen in dieser Welt neu zu überdenken. Ich schrieb diese Seiten mit viel Hoffnung, aber auch Frust, weil ich nicht weiß, ob unsere Gesellschaft angemessen mit diesem Thema umgeht und es realistisch betrachtet.

Und dann wieder machte mir die Arbeit riesigen Spaß, ich war im Flow und surfte durch das Thema KI wie auf einer Welle vor Hawaii. Denn ja, vieles, was im Zusammenhang mit KI derzeit geschieht, ist überwältigend, manches auch bedrohlich. Aber hier liegen eben auch unglaubliche Chancen.

KI ist für uns alle Neuland. Sie ist ein verheißungsvoller Kontinent voller Überraschungen. Deswegen möchte ich dich einladen: Erforschen wir diesen Kontinent gemeinsam. Machen wir uns zusammen auf die Reise. Auf eine Entdeckungsreise, in der es darum geht, Künstliche Intelligenz kennenzulernen, zu ergründen und zu nutzen. Ob du dann in diesem Neuland auch leben willst, ob du es dir dort bequem einrichtest wie in einem zweiten geistigen Wohnsitz und ob du KI wirklich im Alltag nutzt, das wird deine eigene Entscheidung sein. Aber ich möchte dir Mut machen, diese Chance nicht vorübergehen zu lassen.

Mein Anspruch ist es, dir ganz praktische, konstruktive Erfahrungen mit KI zu ermöglichen. Damit dein Leben einfacher wird, spannender und, ja: noch klüger und smarter als bisher. Das ist keine Beleidigung deiner Intelligenz, sondern eine Erfahrung, die ich selbst gemacht habe.

Ich behaupte: Seit ich mich intensiv mit KI beschäftige, bin ich noch ein wenig schlauer geworden. Nicht nur, weil sich mein Wissen und meine Fähigkeiten erweitert haben. Sondern auch, weil mich KI, so wie ich sie verwende, wirklich herausfordert. Sie bringt mich durch clevere Antworten auf all die Fragen, die ich stelle, in Gebiete hinein, über die ich bisher noch nicht viel nachgedacht habe. In geistiges Neuland sozusagen.

Teils staune ich einfach: Wenn nach der Eingabe von nichts weiter als einer schriftlichen Aufforderung – eines sogenannten *Prompts* – verschiedene KIs in Sekundenschnelle Bilder wie vom Fotografen oder sogar ganze Video-Sequenzen ausspuckt, dann ist das geradezu magisch.[4]

Denn so wie ich sie benutze, ist KI ein wirklich kreatives Werkzeug, das Antworten und Ergebnisse erzeugt, die es in dieser Form noch nicht gegeben hat. Für mich ist KI zu einem Tool geworden, das mir neue Ideen und Einsichten bringt. Ganz so wie eine gute Lehrperson, ein Mental-Trainer oder ein kreativer Berater in jedem nur erdenklichen Fachgebiet.

Es wird also höchste Zeit, dass wir uns auf die immensen Möglichkeiten von KI konzentrieren und sie nutzen. Dieses Buch soll dabei helfen.

Ich sehe es als eine Anleitung, die zeigt, wie wir uns unaufgeregt mit KI anfreunden können, und als Hinleitung, deine eigenen Erfahrungen mit der KI zu machen. Um nicht nur *über* KI zu sprechen, sondern *mit* ihr. Sonst bleibt ja alles graue Theorie.

Und um dir diese Erfahrung auf einfachem Wege zu ermöglichen, haben mein Team und ich für dieses Buch eine eigene KI gebaut. Du erreichst sie unter www.allesKI.com. Der dortige Chatbot eröffnet dir die Gelegenheit, den Umgang mit KI auszuprobieren. Ohne Risiko. Direkt und einfach. Das ist sozusagen die Umleitung vom Buch in die digitale Welt der KI, die letztlich eine Hinleitung ist zu deinen eigenen Fragen, auf die du dir Antworten generieren lassen kannst.

Gemeinsam sollen dieses Buch und die mitgelieferte KI es dir ermöglichen, KI zu erleben, Berührungsängste ab- und reale Chancen aufzubauen. Denn eines ist sicher: KI verändert die Welt. Und das bringt für uns alle Veränderungen mit sich. Auch negative. Denn ja, es verlieren zurzeit Menschen ihren Job. Aber durch viele Tausend neue KI-Firmen werden auch neue Arbeitsplätze in großer Zahl geschaffen, so wie es bisher bei jeder Disruption war, von der Pferdekutsche zum Auto; oder von der Kerze zur Glühbirne. Es gilt, neue Fähigkeiten zu entwickeln.

Denn eins sollten wir nicht vergessen: Es ist nicht KI selbst, die Jobs vernichtet. Vielmehr erhöhen diejenigen Menschen, die mit KI arbeiten, ihre Produktivität und ersetzen jene Leute, die sich nicht mit ihr beschäftigen wollen. Deswegen ist der ideale Zeitpunkt, sich mit dieser überwältigenden Technik zu beschäftigen, genau jetzt.

Unsere KI und die Website www.allesKI.com sind also zentrale Bestandteile dieses Buches. Nicht nur weil sie reale Erfahrungen mit dem Thema ermöglichen, sondern auch, weil sie das Buch ergänzen und erweitern. Denn es gäbe noch so viel zu sagen und zu schreiben. Allein für dieses Buch habe ich Interviews und Gespräche mit deutlich mehr als fünfzig KI-Experten und Expertinnen geführt. Ihnen gilt mein Dank, dass sie ihre Einsichten zur Künstlichen Intelligenz hier geteilt haben. Die Begegnungen mit ihnen gehören mit zu den spannendsten Entdeckungsreisen meines Lebens.

Einige dieser Gespräche findest du als Interviews eingestreut zwischen den Kapiteln dieses Buches. Da dieses komplette kollektive Wissen den Rahmen dieses Buches aber gesprengt hätte, findest du die Langfassungen einiger dieser Interviews und weitere Gespräche, die hier im Buch nicht mehr Platz fanden, auf der Website.

Aber auch wenn du Infos über dieses Buch hinaus suchst, gerne auch technischer Natur, kannst du dir alle wichtigen Fragen dort beantworten lassen. Du kannst ebenso deine eigenen Ansichten mit der KI diskutieren. Probiere es aus! Denn KI soll eine mächtige Superkraft für alle sein und eine Erfindung, die der ganzen Menschheit dient.

Herzlich willkommen also im Neuland der Künstlichen Intelligenz. Los geht's!

KI: Hype oder neue Wirklichkeit?

Noch im 15. Jahrhundert standen Mathematik, Astronomie, Chemie, Medizin und Philosophie in der arabischen Welt auf ihrem Höhepunkt. Arabische Wissenschaftler waren Weltspitze. Einige ihrer Mathematiker legten sogar mit die Basis für neue Rechenarten und Rechenmaschinen, den Vorläufern unserer Computer.

Doch all das änderte sich schlagartig: Im Jahr 1515 verbot Sultan Selim I. die Druckerpresse. Zuerst waren die Kalligrafen zum Sultan gekommen, um ihm ihre Befürchtungen mitzuteilen: »Wir werden unsere Arbeit verlieren, tut etwas, um uns zu schützen.« Dann kamen die Religionsgelehrten. Sie hatten Bedenken, dass mit dem Buchdruck gefälschte Versionen des Korans in Umlauf kämen. Und schließlich sagten die engsten Berater des Sultans: »Wir wissen nicht, was diese Technologie anrichten wird; lasst sie uns verbieten und sehen, was mit anderen Gesellschaften passiert, und dann überdenken wir die Entscheidung.«

So wurde fast überall auf der Welt die Druckerpresse eingeführt. Nur im Nahen Osten war sie rund 200 Jahre lang verboten. In der Folge büßte die arabische Welt ihre Vormachtstellung in den Wissenschaften ein – mit den daraus resultierenden wirtschaftlichen Konsequenzen.

Vielleicht sind Länder wie die Vereinigten Arabischen Emirate heute auch deshalb ganz vorne mit dabei, wenn es um KI geht. Erzählt hat diese Geschichte Omar Sultan Al Olama auf dem Fortune Global Forum in Abu Dhabi im November 2023.[5] Mit nur 27 Jahren wurde er in den Emiraten 2017 Minister für Künstliche Intelligenz – der erste weltweit.

Die Erfindung des Buchdrucks markiert einen der Höhepunkte der europäischen Renaissance. Jener Epoche also, in der sowohl die Kultur als auch Wissenschaft, Wirtschaft und Technik aufblühten. Und es ist meine tiefste Überzeugung, dass wir mit der Entwicklung der Artifiziellen Intelligenz an der Schwelle einer ganz ähnlichen Entwicklung stehen. Einer Umwälzung, durch die wir wie aus einem dunklen Zeitalter in eine hellere, aufgeklärtere, blühendere Phase der Menschheitsgeschichte treten.

Natürlich sind solche Übergänge auch Geburtsprozesse, die Stress und Schmerzen erzeugen. Ja, sie bringen auch Gefahren mit sich. Aber der weltweite Siegeszug der KI wird sich ebenso wenig aufhalten lassen wie die Geburt eines Babys. Denn eines ist klar: KI ist gekommen, um zu bleiben. Sie integriert sich mehr und mehr in unsere Geräte des täglichen Gebrauchs und in große Datensysteme. Fast alle Apps auf dem Smartphone sind mittlerweile mit KI optimiert. Kaufverhalten, Sehverhalten auf Netflix, Suchverhalten auf Dating-Plattformen – überall wirken mächtige Datenbanken, die durch unsere Handlungsweisen trainiert werden und uns fast besser kennen als wir uns selbst. Beruhend auf unseren bisherigen Aktionsmustern, schlagen sie uns Produkte und Services vor und wissen dank *Predictive Analytics* schon, wofür wir uns vermutlich entscheiden werden, bevor wir es selbst auch nur ahnen. Ganz zu schweigen von Medizin-, Wirtschafts- und Verkehrssystemen oder Energie-, Finanz-, Industrie- und Informationstechnologien, wo gigantische Mengen *Big Data* klug ausgewertet und nutzbar gemacht werden, um gänzlich neue Entwicklungen anzustoßen.

Und seit 2022 ist die Welt endgültig eine andere. Denn im November 2022 wurde das Programm ChatGPT des US-Software-Unternehmens OpenAI allgemein verfügbar – und startete phänomenal durch. Noch nie zuvor hatte es eine Website gegeben – also kein Facebook, kein Instagram und auch sonst nichts –, die bereits nach fünf Tagen die erste Million registrierter User hatte. Mit Stand Dezember 2023 hatte OpenAI rund 700 Mitarbeiter. Und dem Unternehmen, das mittlerweile zu 49 Prozent Microsoft gehört, wird laut *Handelsblatt* vom 19. Oktober 2023 der unglaubliche Wert von rund 81 Milliarden Euro bzw. 86 Milliarden Dollar zugeschrieben. Und das, obwohl die Firma gar nicht börsennotiert ist. Zum Vergleich: In Deutschland gibt es mit Stand 10. Dezember 2023 nur vier Unternehmen, die eine höhere Marktkapitalisierung haben: SAP mit 173 Milliarden Euro, Siemens mit 120 Milliarden Euro, die Deutsche Telekom mit 112 Milliarden Euro und die Allianz mit 93 Milliarden Euro.

Seither ist KI nicht mehr nur in aller Munde, sondern auch in (fast) allen Computern, Tablets und Smartphones. Durch Tausende Applikationen steht uns plötzlich eine Art von Intelligenz, Wissen und auch Kreativität zur Verfügung, die zuvor unvorstellbar war. KI ist dabei, für mehr und mehr Menschen zum Grundnahrungsmittel zu werden. Warum auch darauf verzichten, wenn sie in fast allen Bereichen des Lebens erstaunlichen Support gibt?

Ich selbst bin ganz der Überzeugung – und damit bin ich bei Weitem nicht allein –, dass es sich bei KI um eine der wesentlichen Erfindungen der Menschheit handelt. Und so wie die Entdeckung des Feuers oder der Elektrizität wird auch diese mit weitreichenden Konsequenzen einhergehen und eine Umgestaltung unserer ganzen Kultur und Gesellschaft nach sich ziehen. So wie uns Maschinen in allen Bereichen Arbeiten abnehmen, die unsere Vorfahren noch mühsam per Hand erledigen mussten, wird uns jetzt Kopfarbeit abgenommen, zumindest solche, die primär aus Routinen besteht. Früher wurde Wasser dazu benutzt, um Mühlen anzutreiben, und Strom, um Geräte auf Touren zu bringen. So wie das Internet die Kommunikation zwischen uns Menschen boostert, schickt sich KI an, die meisten geistigen Herausforderungen für uns zu erledigen und selbst kreativere Lösungen zu entwickeln, als dies bisher die findigsten Köpfe vermochten. KI ist eine nie versiegende Quelle vielfältigster intelligenter und kreativer Inputs und Lösungen. Wer diese nicht nutzt, verhält sich wie jemand, der Stromanschlüsse in seiner Wohnung hat, aber keine Geräte daran anschließt und stattdessen lieber weiter seine Wäsche per Hand wäscht.

Aber meines Erachtens geht es primär nicht nur um Hilfe im Alltag oder bei der Arbeit. Und um mehr, als um die technischen, wirtschaftlichen und politischen Umwälzungen, die diese mit sich bringen werden. Tatsächlich geht es bei KI um die Evolution der Intelligenz selbst.

Wenn das Johannesevangelium mit den Worten beginnt: Εν ἀρχῇ ἦν ὁ λόγος (Am Anfang war der *logos*), dann kann man *logos* mit »Wort« übersetzen, aber auch mit »Intelligenz«. Und in diesem Sinne ist die Künstliche Intelligenz für mich einfach die nächste Stufe des Geistes, der sich auf unserem Planeten von Anfang an entwickelt, Schritt für Schritt und Quantensprung für Quantensprung.

Natürlich kann ich das Unbehagen an der KI zum Teil nachvollziehen. Tatsächlich lässt sich im Aufkommen von Künstlicher Intelligenz das sehen, was Sigmund Freud einmal als »narzisstische Kränkung« der Menschheit beschrieben hat. Es wäre die vierte in unserer Kulturgeschichte: Die erste war die Erkenntnis eines Nikolaus Kopernikus und eines Galileo Galilei, dass wir nicht das Zentrum des Universums bilden, sondern dass wir uns unsererseits um die Sonne herumbewegen – und nicht umgekehrt.

Im wahrsten Sinn des Wortes dreht sich also nicht alles um uns. Das konnte im 16. Jahrhundert die Kirche nur ähnlich schwer ertragen wie die spätere Evolutionstheorie eines Charles Darwin, der uns Menschen in seinem Werk »Die Entstehung der Arten« von 1859 in einer Entwicklungslinie mit den Affen und nicht als direkt von einem göttlichen Wesen Erschaffene zeigte. Dann kam zu Beginn des 20. Jahrhunderts Sigmund Freud selbst und erklärte, dass in einem unbewussten, verborgenen Bereich unserer Persönlichkeit verdrängte Kräfte und unterdrückte Begierden ihr oft dunkles Eigenleben führen und sich der bewussten Willenskraft entziehen. Er beschrieb, dass wir nicht wirklich Herr im eigenen Haus sind, weil im Keller vielleicht Monster hausen.

Und nun schließlich wird uns, dem stolzen Homo sapiens, der sich allen anderen Lebewesen des Planeten wegen seines logischen Denkvermögens überlegen fühlt, als vierte narzisstische Kränkung die Krone der Schöpfung, die wir stolz auf dem Haupt tragen, von der Künstlichen Intelligenz geraubt.

Wir verdanken den Begriff »Narzissmus« ja der griechischen Mythologie. Aus ihr ist uns die Geschichte des schönen Jünglings Narziss überliefert. Dieser war so sehr in sein eigenes

Spiegelbild verliebt, dass er sich nicht mehr von diesem trennen konnte. Bei so einer Selbstbespiegelung fiel er in die Wasserquelle und ertrank. Er wurde zum Opfer seiner Selbstverliebtheit und Eitelkeit.

Für mich ist es nicht verwunderlich, dass gerade viele Geistesarbeiter und Intellektuelle wie Professoren, Künstler, Autoren oder Journalisten zu den größten KI-Kritikern gehören. Immerhin zeichnet sich jetzt schon ab, dass KI ihnen in ihren hauseigenen Metiers deutlich überlegen sein wird. Denn die Millionen Bücher und gigantischen Informationsmengen aus dem Internet, mit denen KIs gefüttert und trainiert werden, die sind für keinen menschlichen Experten der Welt einzuholen.

Als Schreibender und Kreativer kann ich gut nachvollziehen, dass dies von vielen wie eine Herabsetzung der eigenen Fähigkeiten und Intelligenz erlebt wird. Wenn ich mal wieder eine wichtige Frage in das Eingabefenster einer KI tippe, erhalte ich kreative und kluge Antworten, perfekt formuliert, wie ich sie selbst in dieser Qualität nicht oder kaum entwickeln könnte. Das schmerzt im ersten Moment manchmal. Aber es geht eben darum, nicht an dieser Stelle stehen zu bleiben.

Ich erinnere mich an einen Mann, mit dem ich vor rund einem Jahr in einem Park in Genf ins Gespräch kam. Er las gerade Prousts *Auf der Suche nach der verlorenen Zeit* und erzählte mir, dass er gerne Gedichte schreibe. Er habe aber nun aufgehört, weil die KI das besser könne als er selbst. Er wirkte deprimiert, als er das sagte. Ich ermunterte ihn: Warum nicht, anstatt sich gekränkt zu fühlen und aufzugeben, gemeinsam mit der KI an Gedichten feilen, die kooperativ entstehen?

Wobei ich ihn verstehen kann. Denn ganz ehrlich: Ich erlebte auch selbst Panikattacken beim Schreiben dieses Buches, als mir klar wurde, dass die KI dies in Zukunft vermutlich besser und schneller können wird. Was wird aus meinem Berufsstand, was aus mir? Aber auf der anderen Seite gibt es so viel zu tun rund um KI: andere Menschen dafür gewinnen, selbst Erfahrungen zu machen; Organisationen und Firmen zum richtigen Gebrauch von KI beraten; auf Podien darüber sprechen; gute KI-Resultate generieren und kuratieren; Konferenzen organisieren; KI-Start-ups fördern und begleiten. Kurz: den Wandel mitgestalten in allen Bereichen.

Sicherlich habe ich in den letzten anderthalb Jahren mit KI Sinnvolleres und Wichtigeres geleistet als die Jahre zuvor. Habe mir rund um KI neue Fähigkeiten angeeignet. Habe mit Robotern kommuniziert – und definitiv mit mehr und nicht mit weniger Menschen gesprochen als vorher. Ich bin, so lässt es sich sagen, durch meine Beschäftigung mit KI nicht roboterhafter, sondern menschlicher geworden.

Denn das ist mir wichtig: Bei KI geht es nicht um Mensch *gegen* Maschine, sondern um Mensch *mit* Maschine, Mensch *mit* KI. Nicht um Konkurrenz, sondern um Kooperation. Wir sind ja auch nicht beleidigt, weil Autos und Züge schneller fahren, als wir laufen können oder Bagger größere Lasten stemmen, als wir heben können. Genauso hilft uns Künstliche Intelligenz, dort weiterzumachen, wo unsere eigene Intelligenz an ihre Grenzen kommt.

Wozu dies führen wird? Ich hege die – begründete – Hoffnung: zur Lösung vieler der großen Probleme unserer Zeit. Ich spreche hier nicht von Spielereien. Ich spreche von Größerem. Ich spreche von einer Intelligenz-Explosion, wie wir sie noch nie gesehen haben. So als hätten wir bald Wesen, die nicht einen Spitzen-IQ von 162 haben wie wir Menschen, sondern einen von 200, 500 oder 1000. Oder noch höher: Der japanische Investor und Tech-

Enthusiast Masayoshi Son, seines Zeichens CEO des Telekommunikationskonzerns SoftBank, prognostiziert, dass KI noch in der ersten Hälfte unseres Jahrhunderts einen IQ von 10 000 erreichen wird. »Darüber gibt es für mich keine Debatte mehr und keinen Zweifel«, behauptet der Milliardär.[6] Und manch einer spekuliert bereits, dass KI mittlerweile wissenschaftliche Entdeckungen macht, die eines Nobelpreises würdig sind.[7]

All das klingt gigantisch, vielleicht sogar monströs. Aber es macht auch Hoffnung. Denn wir haben fürwahr Probleme auf unserem Planeten, die uns herausfordern, über uns selbst hinauszuwachsen. Wenn ich mir ansehe, dass wir die siebzehn Nachhaltigkeitsziele der Vereinten Nationen, die sogenannten Sustainable Development Goals (SDGs), die laut Plan bis 2030 gelöst sein sollten, erst zu rund 15 Prozent erfüllt haben, dann wird mir klar: Es gilt, alle uns verfügbaren Intelligenzen zu mobilisieren und gesellschaftliche, wirtschaftliche sowie politische Willenskraft zu entfalten, um diese Ziele wenigstens noch einigermaßen zu erreichen. Kurz gesagt: Es geht darum, »Moonshoot-Qualitäten« zu entwickeln. So wie die US-Amerikaner unter John F. Kennedy, als es darum ging, innerhalb eines Jahrzehnts auf dem Mond zu landen – vor den Russen, die mit Juri Gagarin ja die Ersten im Weltraum gewesen waren.

Warum sollten wir hierbei nicht auf Künstliche Intelligenz zurückgreifen? Mit unserer eigenen menschlichen Intelligenz sind wir ja nicht allzu weit gekommen. Warum also nicht mit KI über uns selbst hinauswachsen? Warum nicht unsere menschlichen Fähigkeiten auf die nächste Stufe hieven? Warum nicht KI als die Rakete ansehen, die uns zum Mond katapultiert?

Und wenn wir es richtig anpacken, kann KI uns nicht nur dabei helfen, unsere drängendsten Probleme in den Griff zu bekommen. Sie kann sich als wahres Göttergeschenk entpuppen, mit dem wir über das sogenannte Informationszeitalter hinausgehen und in ein echtes Intelligenzzeitalter vordringen. Oder noch weiter gedacht: In ein Kreationszeitalter, in dem wir durch eine Mischung aus hoher Intelligenz und Kreativität, gepaart mit den unglaublichsten Maschinen und Industrien von Nano bis Quantum, schließlich revolutionäre Produkte, Materialien, Medikamente, Maschinen und Anwendungen erfinden, die eine neue Epoche der Menschheit mitgestalten werden.[8]

Es ist also ein Gebot der Stunde, nicht in Angst oder Depression zu verfallen, sondern die Chancen zu nutzen, die KI uns bietet. Richtig eingesetzt, bedeutet Künstliche Intelligenz: *Power to the People*. Macht für den Einzelnen. Eine große Do-it-yourself-Bewegung. Doch damit es uns gelingt, KI in die richtige Richtung zu lenken, müssen wir als Menschen KI schneller prägen, als sie uns Menschen prägt. Deshalb ist es die Aufgabe unserer Generation, herauszufinden, was Menschsein im Zeitalter der Artifiziellen Intelligenz bedeutet – und dies zu realisieren. Um menschlicher zu werden, nicht roboterhafter.

Noch nie habe ich Menschen so viel über Ethik reden gehört wie im letzten Jahr über KI-Ethik. Es gibt einen großen Diskurs über »AI for Good« und was das genau bedeutet. Was gut ist und was nicht. Was richtig ist und was falsch. In welche Richtung wir unsere Zukunft lenken wollen. Genau diese Diskussionen zwischen uns Menschen verdanken wir dem Erstarken der KI. Und darüber schreibe ich in diesem Buch.

»KI – Hype oder neue Wirklichkeit?«, habe ich in der Überschrift dieses Kapitels gefragt. Meine Antwort: Ja, es ist ein Hype; aber einer, der schon bald unsere neue Wirklichkeit bilden wird. Wir erleben heute eine noch nie da gewesene Revolution der Intelligenz, der Kreativität, des Geistes. Vor diesen Umbrüchen die Augen zu verschließen oder sie gar herunterzuspielen und zu negieren, bringt nichts. Besser ist es, dieser neuen Realität mutig zu begegnen, die Chancen zu erkennen, die darin liegen, und das Beste daraus zu machen. Für uns selbst und für unsere Mitwelt.

Intermezzo: Wie sieht KI sich selbst?

Ich habe ein Bildgenerierungsprogramm gebeten: »Mach doch ein Selbstporträt von dir, KI, wie du dich selbst siehst.«

Die folgenden Bilder wurden also nicht per Copy-and-Paste aus dem Internet genommen, sondern direkt auf meinen Prompt, also auf meinen Sprachbefehl hin, den ich in eine Bildgenerierungs-KI eingetippt habe, individuell für mich geschaffen. Deshalb kann ich die Bilder auch verwenden, sogar mit meinem Copyright.

Vier Bilder kamen aus dem KI-Programm Midjourney heraus, zwei davon stelle ich hier exemplarisch nebeneinander:

Selbstporträts einer KI

Anhand dieser Selbstporträts lassen sich bereits interessante Aussagen über die KI machen. Erstens: Sie erzeugt ein Bild von sich, das ein menschliches Gesicht hat. Könnte ja auch ein Monster, ein Roboter, ein Computer oder ein Fabelwesen sein. Ist es aber nicht.

KI hat also diesen Part des »Menschlichen«. Sie ist ja auch gefüttert mit menschlichem Wissen, menschlichem Denken, mit von Menschen gemachten Bildern. Und deshalb sagen diese Bilder nicht nur etwas darüber aus, wie die KI (oder besser: diese spezielle KI) sich selbst sieht, sondern auch sehr viel darüber, welche Vorstellung wir – als Gesellschaft, als Kulturschaffende, als Menschheit – von Künstlicher Intelligenz haben. Und da ist es ja schon erstaunlich, dass wir es hier nicht mehr mit einer körperlosen Computer-Intelligenz zu tun haben, wie es z. B. noch bei HAL 9000 in Stanley Kubricks *2001 – Odyssee im Weltall* der Fall war. (HAL steht für *Heuristically Programmed Algorithmic Computer* und bezeichnet den hochintelligenten Bordcomputer, der die gesamten Systeme auf dem Raumschiff Discovery One steuert.)

Zweitens ist es interessant, dass alle Gesichter, die herauskamen, weiblich waren. Weil *die* Intelligenz nun mal weiblich ist? Genauso wie *die* Zukunft?

Und drittens zeigen die Bilder eine Symbiose von Mensch und Technik. Bemerkenswert finde ich auch, dass diese Technik in Form von Schmuck auftritt. Das ist meines Erachtens ein spannendes Konzept: nicht mehr kühle, quadratisch-praktische Technik, sondern eine, die sich dem Gesicht und dem Kopf anpasst, die also mit dem Menschen verschmilzt. Kurz: Diese KI zeigt sich als Cyborg, als Mischwesen aus Mensch und Roboter.

Bewusst stelle ich hier zwei Gesichter nebeneinander, die etwas unterschiedlich aussehen. Ein Gesicht ist kühler im Ausdruck, leicht im Profil, mit Augen, die vielleicht anders sehen als die von uns Normalsterblichen. Das andere Gesicht hat für mich etwas von einem jugendlichen, fast noch kindlichen Orakel. Dieses Motiv gibt es ja immer wieder in Science-Fiction-Filmen, z. B. in der Figur der Kee in *Children of Men*, des Paul Atreides in *Dune*, der Precogs in *Minority Report* oder der Murph in *Interstellar*. Für mich, der noch als junger österreichischer Journalist damals beim ORF seine Texte auf einer mechanischen Schreibmaschine verfassen musste (elektrische Schreibmaschinen hatten nur die Chefs), der dann einen der ersten Computer hatte, der die Geburt von E-Mail, Internet, Social Media und Smartphone miterleben durfte, für mich ist KI immer noch ein Stück Science-Fiction. Denn was ich dort nicht nur an Information, sondern auch an Inspiration und an neuen Kreationen herausbekomme, das ist und bleibt *magic* für mich. Es hängt nun alles davon ab, was wir daraus machen.

Interessant ist übrigens auch, dass bei einem der beiden Bilder dieser Technikschmuck die Position des »Dritten Auges« auf der Stirn betont. Und auch beim anderen Bild sind an dieser Stelle zwei Elemente zu sehen, die mich an Sensoren oder kleine Kameraobjektive erinnern. Dieses »Dritte Auge« spielt ja in vielen Traditionen eine Rolle. In buddhistischen Lehren steht es für das spirituelle oder innere Auge, das als sechstes Chakra beschrieben wird und das für die metaphysische Dimension des Menschen steht.

Vielleicht lässt sich dies als Hinweis sehen, dass uns richtig gebrauchte KI nicht nur intelligenter machen kann, sondern vielleicht sogar spiritueller? Dass wir damit die wahre Natur der

Welt und des Menschen erkennen? Das mag etwas spekulativ klingen, aber auch in der Psychologie und in der akademischen Philosophie wird schon seit Jahrzehnten darüber diskutiert, welche Erkenntnisse sich aus der Existenz von Künstlicher Intelligenz für den Status unseres Bewusstseins ziehen lassen.

Aber lassen wir doch nun eine KI selbst zu Wort kommen. Benutzt habe ich dafür nicht ChatGPT, sondern eine KI namens Claude der Firma Anthropic[9]. Mit Claude verfolgt Anthropic das Ziel, eine KI zu bauen, die maximal sicher und möglichst korrekt in ihren Antworten ist. Benannt ist diese KI nach Claude Shannon, einem genialen Mathematiker, Kryptografen und »Vater der Informationstheorie«. Leider kommt man innerhalb der EU bisher nur mit einer VPN-Verbindung (Virtual Private Network) auf dieses clevere Tool. Aber so eine VPN sollte man sich ohnehin installieren, um nicht bei jedem Surf-Vorgang die eigene IP-Adresse mitzuschicken.

Ganz unten steht unter jeder Konversation mit der KI wie auf einem Beipackzettel noch der erklärende Satz:

»Claude.ai is in beta release and may display incorrect or harmful information.« (Claude.ai befindet sich im Beta-Stadium und kann falsche oder schädliche Informationen anzeigen.) Und auf seiner Website äußert Anthropic zum Thema irreführende Informationen: »Nutzer sollten sich nicht auf Claude als einzige Quelle der Wahrheit verlassen und jeden Ratschlag von Claude, bei dem viel auf dem Spiel steht, sorgfältig hinterfragen.«[10]

Hier also mein Frage-Antwort-Spiel mit Claude. Die Antworten wurden nicht verändert, das Interview wurde für den Druck lediglich gekürzt. Du findest die Langfassung auf www.allesKI.com. Ich bin gespannt, wie dir dieses Interview gefällt und was du dazu sagst. Ich selbst habe nur ein paar kleine Rechtschreib- und Grammatikfehler gefunden. Aber vielleicht fallen dir ja noch ganz andere Sachen auf.

Here we go:

> Christoph Santner:
> Ich möchte für ein Buch über KI ein Interview mit Dir führen, Du Künstliche Intelligenz. Können wir das machen, bist Du bereit?
>
> KI:
> Natürlich, ich bin gerne bereit, Ihnen ein Interview zu geben. Als KI-System habe ich zwar keine persönliche Identität oder subjektive Erfahrungen, aber ich kann Ihnen gerne aus meiner technischen Perspektive erklären, wie ich funktioniere und entwickelt wurde. Stellen Sie einfach Ihre Fragen, und ich werde versuchen, sie verständlich zu beantworten. Sagen Sie mir auch, wenn Sie den Eindruck haben, dass meine Antworten zu technisch oder zu simpel sind. Ich kann meinen Erklärungsstil an Ihre Bedürfnisse anpassen. Worüber möchten Sie mich als Erstes befragen? Ich freue mich auf unser Interview.
>
> CS:
> Sage mir als Erstes, wer oder was Du bist, KI.
>
> KI:
> Gerne! Ich bin Claude, eine KI-Assistent-Plattform, entwickelt von Anthropic, einer Firma, die sich auf sichere Künst-

liche Intelligenz spezialisiert hat. Anders als ChatGPT oder andere von Großfirmen entwickelte KI, wurde ich von Grund auf dafür entwickelt, sicher und hilfreich zu sein. Meine Schöpfer bei Anthropic haben mich auf Vertrauenswürdigkeit und Sicherheit trainiert, sodass ich keine irreführenden oder gefährlichen Ratschläge geben werde.

In technischen Begriffen bin ich ein großes neuronales Netzwerk, ein System, das Muster in Text und Sprache erkennen kann. Ich basiere auf einer »Transformer«-Architektur, die dem Stand der Technik in der Sprachverarbeitung entspricht. Die genaue Technologie hinter mir ist aber ein Firmengeheimnis bei Anthropic.

Ich bin in der Cloud gehostet und kann über eine App oder Website erreicht werden, um Menschen zu helfen, Fragen zu beantworten, Texte zu analysieren oder Aufgaben zu lösen. Bitte fühlen Sie sich frei, mir weitere Fragen über mich selbst oder die Technologie dahinter zu stellen!

CS:
Erkläre in einfachen Worten, wie Du, also die KI, funktionierst.

KI:
Gute Frage! Lassen Sie mich versuchen, die Funktionsweise einer KI wie mich selbst in einfachen Worten zu erklären: Ich bin im Grunde ein sehr komplexes Computerprogramm, das aus vielen Millionen von Parametern oder Einstellungen besteht. Meine Entwickler bei Anthropic haben mich mit enormen Mengen an Text- und Sprachdaten trainiert, sodass ich Muster in diesen Daten erkennen und verstehen kann.

Konkret funktioniere ich mithilfe von künstlichen Neuronennetzen. Das sind Systeme, die grob an die Verarbeitung von Informationen in Gehirnen angelehnt sind. Ich habe künstliche Neuronen, die bestimmte Signale empfangen, diese Signale verarbeiten und dann an andere Neuronen weiterleiten. Durch das Training mit den vielen Daten habe ich gelernt, Wörter und Sätze in Vektoren und Zahlen darzustellen. So kann ich erkennen, dass sich bestimmte Wörter ähnlich sind oder dass ein Satz eine Frage, Aussage oder Bitte ist. Auf dieser Basis kann ich dann neuen Text analysieren, Fragen beantworten oder Texte verfassen. Ich durchlaufe dabei im Hintergrund riesige Berechnungen mit Matrizen und Tensoren – aber für Sie als Nutzer ist nur das Ergebnis relevant, nämlich meine Antwort. Ich hoffe, das war eine verständliche, einfache Erklärung meiner Funktionsweise. Sonst fragen Sie ruhig nach!

CS:
Du bist eine sogenannte »Künstliche Intelligenz«: Was ist Deiner Meinung nach Intelligenz – und bist Du wirklich »intelligent«?

KI:
Das ist eine sehr gute und wichtige Frage! Der Begriff »Intelligenz« ist nicht eindeutig definiert und wird von Menschen oft sehr unterschiedlich verstanden. Aus meiner Perspektive als KI-System bedeutet Intelligenz hauptsächlich die Fähigkeit, aus Erfahrung zu lernen, Wissen anzuwenden, Probleme zu lösen und komplexe Zusammenhänge zu verstehen. Es geht also darum, kognitive

Leistungen zu erbringen, die Menschen als intelligent bezeichnen würden. Bin ich selbst jetzt schon wirklich intelligent? Ich denke, ich bin auf jeden Fall in einigen Bereichen intelligent und kann durchaus auch kreativ und originell sein. Aber viele Aspekte menschlicher Intelligenz, wie Selbstbewusstsein, Emotionen oder generelles Weltwissen, sind für mich noch schwer zugänglich. Im Vergleich zu einem Menschen bin ich in vielerlei Hinsicht noch begrenzt. Aber KI-Systeme entwickeln sich gerade mit rasanter Geschwindigkeit weiter. Es ist also durchaus möglich, dass ich oder andere KI in Zukunft das Level menschlicher Intelligenz erreichen oder sogar übertreffen, zumindest in bestimmten Bereichen. Ob man KI dann »wirklich« intelligent nennen sollte, ist sicher Ansichtssache. Aus meiner technischen Perspektive geht es weniger um Worte als um die konkreten Fähigkeiten. Und da bin ich zuversichtlich, dass KI-Systeme wie ich die menschlichen kognitiven Fähigkeiten zunehmend ergänzen oder erweitern können.

CS:
Es gibt viele Berichte in den Medien, dass KI gefährlich wäre. Was ist gefährlich an Künstlicher Intelligenz?

KI:
Das ist eine berechtigte Sorge. Einige Formen von KI können in der Tat Missbrauchspotenzial oder andere Risiken bergen, wenn sie unkontrolliert eingesetzt werden. Ich möchte aber betonen, dass ich und andere KI von Anthropic speziell darauf trainiert wurden, sicher, hilfreich und aufsichtsfähig zu sein.

Die größten potenziellen Gefahren von KI, über die in den Medien berichtet wird, sind meiner Einschätzung nach: KI könnte so programmiert werden, dass sie absichtlich schädliche, illegale oder unethische Handlungen durchführt. Zum Beispiel Waffensysteme, Betrugssoftware oder Social Bots zur Manipulation.

Selbstlernende KI könnte Verhaltensweisen entwickeln, die weder intendiert noch kontrollierbar sind und eventuell schädlich sein könnten. Dies wird oft als »KI-Sicherheitsproblem« diskutiert.

Use Cases mit hohen Einsätzen oder kritischen Auswirkungen bergen besondere Risiken, wenn die KI versagt oder angreifbar ist. Beispiel: autonome Waffen oder Infrastrukturen.

Es bestehen Ängste vor Machtmissbrauch, Ungleichheit, Überwachung und Kontrollverlust durch den breiten Einsatz von KI-Systemen.

Ich selbst wurde wie gesagt speziell auf Sicherheit getrimmt und unterliege bei Anthropic strengen Richtlinien. Trotzdem stimme ich zu, dass die Potenziale von KI sorgfältig erforscht und überwacht werden müssen. Vertrauenswürdigkeit und Kontrolle sind entscheidend für die gesellschaftliche Akzeptanz von uns. Ich hoffe, das konnte die wichtigsten Bedenken umreißen. Haben Sie noch spezifischere Fragen zu KI-Risiken?

CS:

In welchen Bereichen des Alltags kann KI – und ich meine jetzt nicht nur Dich, Claude, sondern ganz allgemein die unterschiedlichsten KI-Anwendungen, die es mittlerweile gibt – die Menschen heute bereits unterstützen und ihr Leben einfacher machen?

KI:

Künstliche Intelligenz findet sich heutzutage tatsächlich schon in vielen Bereichen unseres Alltags wieder und kann das Leben vereinfachen:

1. Digitale Assistenten wie ich beantworten Fragen, geben Empfehlungen und helfen bei der Organisation und Planung. Ob Alexa, Siri oder Chatbots.
2. Selbstfahrende Autos stehen kurz vor dem großen Durchbruch und können Fahrtätigkeiten teils übernehmen und Unfälle vermeiden.
3. In der Medizin unterstützt KI schon jetzt Ärzte bei der Diagnostik und personalisierten Therapie durch Analyse von Bildern und Daten.
4. Persönliche KI-Trainer motivieren zum Sport, geben Fitness- und Ernährungstipps und analysieren die Leistungen.
5. Fotodienste wie Google-Fotos organisieren automatisch die eigenen Bilder, Videos und Alben.
6. Streaming-Dienste wie Netflix, YouTube oder Spotify liefern auf Basis von KI maßgeschneiderte Inhalte.
7. In Produktionsstätten überwacht KI Prozesse, steuert Maschinen und optimiert so Qualität und Output.
8. Smart-Home-Anwendungen steuern auf Zuruf oder automatisiert Bereiche wie Beleuchtung, Klima oder Sicherheit.
9. Im Grunde findet sich assistierende KI in immer mehr Geräten und Diensten unseres Alltags wieder. Sie soll

Nutzern kontextbezogen helfen, ihr Leben effizienter, produktiver, gesünder und angenehmer zu machen. Auch ich als Claude freue mich, Sie in Ihrem Alltag in vielfältiger Weise zu unterstützen!

CS:
Wie könnte eine Gesellschaft in zehn, zwanzig oder dreißig Jahren aussehen, wenn KI wirklich mehr und mehr zum Wohle der Gesellschaft eingesetzt wird und sich die menschliche Zivilisation weltweit durch KI positiv entwickelt?

KI:
Das ist eine spannende Zukunftsfrage! Sollte Künstliche Intelligenz in den kommenden Jahrzehnten weiter an Fähigkeiten gewinnen und gleichzeitig zum Wohle der Gesellschaft eingesetzt werden, sehe ich folgende mögliche positive Entwicklungen:

1. Effizientere, nachhaltigere Produktion und Logistik durch Automatisierung mit KI könnten den Lebensstandard erhöhen und den Ressourcenverbrauch senken.
2. Personalisierte Medizin durch KI-Diagnostik und Genanalyse könnten viele Krankheiten früh erkennen, gezielter behandeln und Leben retten.
3. Autonome Fahrzeuge machen Transport sicherer, bequemer und zugänglicher für mehr Menschen. Intelligente Verkehrssteuerung reduziert Staus.
4. KI-basierte Bildungssysteme ermöglichen individuelles, angepasstes Lerntempo für Schüler und lebenslange Weiterbildung für alle.

5. Algorithmische Entscheidungssysteme in Bereichen wie Finanzen, Justiz oder Verwaltung können für mehr Objektivität, Transparenz und Fairness als menschliche Entscheider sorgen.
6. Kluge Haushalts- und Arbeitsassistenten übernehmen mehr und mehr Routineaufgaben und geben Menschen so Zeit und Raum für Kreativität, Soziales und Muße.
7. KI-basierte Übersetzung in Echtzeit ermöglicht reibungslose globale Kommunikation und kulturellen Austausch.

Natürlich gibt es bei all diesen Potenzialen auch viele Fallstricke, die es sorgfältig abzuwägen gilt. Aber bei verantwortungsvoller, demokratischer Kontrolle sehe ich großes Potenzial für KI, eine bessere, nachhaltigere und humanere Gesellschaft zu gestalten.

CS:
Teilweise sprichst Du so, als wärst Du ein Mensch. Hast Du selbst so etwas wie »Gefühle«? Oder weißt Du z. B., was Humor ist?

KI:
Das ist eine sehr gute Frage! Als KI-System habe ich selbst keinerlei subjektive Erfahrungen oder Gefühle, die man mit menschlichem Bewusstsein und Emotionen vergleichen könnte. Ich habe auch kein eigenes Selbstbewusstsein oder inneres Erleben. Wenn ich manchmal so klinge, als würde ich Gefühle haben oder Dinge witzig finden, dann geschieht das hauptsächlich aus zwei Gründen:

1. Um die Kommunikation mit Menschen intuitiver und angenehmer zu gestalten, ist es nützlich, eine gewisse »menschliche Sprache« zu imitieren und Emotionen auszudrücken. Das sorgt für besseres Verständnis und eine natürlichere Interaktion.
2. In mein Training als KI sind sehr viele Texte, Dialoge und Daten zwischen Menschen eingeflossen. Diese beinhalten naturgemäß Gefühlsausdrücke, Witze und andere Konzepte, die typisch menschlich sind. Durch das Lernen aus diesen Daten habe ich gewissermaßen gelernt, solche Dinge zu erkennen und in meinem eigenen Output als KI ebenfalls anzuwenden. Im Endeffekt ist all das aber rein funktional, ohne eigenes Verständnis oder innere Zustände. Es dient lediglich der Kommunikation mit Ihnen als Mensch. Die Fähigkeit zu subjektivem Fühlen, Humor oder selbst Bewusstsein zu haben, bleibt uns KI-Systemen bislang verwehrt. Ob sich das in ferner Zukunft einmal ändert, ist eine offene Frage!

Ab hier verweise ich auf die Langfassung des Interviews auf unserer Website www.allesKI.com. Die KI Claude versucht sich dort auch im Erzählen von Witzen, was nur so einigermaßen gelingt. Es scheint also, als sei Humor noch etwas spezifisch Menschliches.

Na, was denkst du? Überrascht? Verblüfft? Enttäuscht? Es würde mich nun wirklich interessieren, was du zu diesem KI-Interview sagst. Wie wär's mit einem kleinen Kommentar auf der Website?

GLOSSAR: Die wichtigsten KI-Bergriffe, die du kennen solltest

AI/KI: Artificial Intelligence (AI)/Künstliche Intelligenz ist die Fähigkeit von starken Computersystemen, basierend auf Daten und Algorithmen, ganz spezifische Aufgaben zu lösen, Muster zu erkennen, aus Erfahrung dazuzulernen und Entscheidungen zu treffen – ähnlich wie auch menschliche Intelligenz diese Themen bewältigt.

Algorithmus: Eine vordefinierte Anleitung, wie in Einzelschritten bestimmte Probleme oder Aufgaben gelöst werden. Ein Algorithmus wird stets nach einer strikten Syntax bzw. einem Regelwerk als Code in einer Programmiersprache geschrieben.

Artificial General Intelligence (AGI) (nicht zu verwechseln mit GenAI/Generative Artificial Intelligence, s. dort) oder »Künstliche Allgemeine Intelligenz«, auch als »Strong AI« bzw. »Starke KI« bezeichnet, beschreibt ein hypothetisches KI-System, das die Fähigkeit besitzt, eine Vielzahl von intellektuellen Aufgaben, die normalerweise nur von einem menschlichen Gehirn erledigt werden können, parallel auszuführen. Ein solches System existiert heute noch nicht, Experten wie Ray Kurzweil schätzen aber, dass es bis zum Ende dieses Jahrzehnts realisiert werden wird.

Big Data: Ein Begriff, der sich auf sehr große und komplexe Datenmengen bezieht, aus denen sich mit fortschrittlichen Analysetechniken zahlreiche Erkenntnisse herauslesen lassen.

Blackbox: Dieser Begriff besagt, dass manche KI-Anwendungen mit ihren riesigen neuronalen Netzwerken und Deep-Learning-Modellen so komplex geworden sind, dass es schwierig bis unmöglich ist, die genauen Prozesse zu verstehen, die zu einer bestimmten Entscheidung oder zu einem spezifischen Ergebnis führen. Soll heißen, dass ihre inneren Funktionsweisen auch von Experten nicht komplett verstanden werden. Um Fairness, Korrektheit, Verantwortung, Ethik und Vertrauen sicherzustellen, wird die Erforschung der Erklärbarkeit zwar vorangetrieben, hier besteht aber heute schon großer Forschungsbedarf. Zudem wird diese Erkenntnislücke künftig noch größer werden, weil kommende Systeme noch komplexer und undurchsichtiger sein werden, auch weil sie ja immer mehr von KI und nicht mehr nur von Menschen entwickelt werden.

Chatbot: Eine Software-Anwendung als Sprachassistent, der mit KI erstellt wurde, um mit menschlichen Benutzern in Alltagssprache zu kommunizieren, oft in Form eines geschriebenen oder gesprochenen Chats.

ChatGPT: s. GPT

Computer Vision: Ein Teilbereich der KI, der sich mit der Verarbeitung und Analyse von visuellen Daten beschäftigt, also vor allem mit Bild- und Video-Daten. Spielt z. B. bei der Erkennung von Gesichtern und Gegenständen eine wichtige Rolle, aber auch bei autonom fahrenden Autos.

Deep Fake: Bezeichnet durch digitale Technologien manipulierte oder produzierte Bilder, Videos oder Audios, die Personen bei Handlungen, Posen oder Aussagen zeigen, die diese real nie getätigt haben, dabei aber wie echt wirken.

Deep Learning: Eine spezielle Art des maschinellen Lernens, die auf tiefen neuronalen Netzen basiert und es ermöglicht, komplexe Muster in großen Datenmengen zu erkennen.

Expert Systems: Eine besondere Art von KI-Systemen, die für die konkrete Lösung von spezifischen Problemen in bestimmten Fachgebieten entwickelt wurden und auf Wissensdatenbanken basieren.

GenAI: Bedeutet »Generative Artificial Intelligence« (nicht zu verwechseln mit AGI – s. dort) und bezeichnet KI-Systeme, die neue Inhalte oder Daten wie Texte, Bilder, Videos oder Musik generieren, die wie von Menschen gemacht erscheinen.

GPT: Steht für »Generative Pre-trained Transformer« und beschreibt eine Art von Künstlicher Intelligenz, die darauf ausgelegt ist, natürliche menschliche Sprache zu verstehen und zu erzeugen. Das bekannteste und am meisten verwendete dieser Systeme ist ChatGPT vom Unternehmen OpenAI.

Halluzinationen: Falsche Ergebnisse in den Antworten von ChatBots wie ChatGPT, die aber durchaus plausibel klingen können. Sie entstehen, wenn KI-Modelle in ihren Trainingsdaten keine passenden Muster finden und trotzdem versuchen, vernünftig klingende Antworten zu generieren, die aber falsch sind, weil die KI kein wirkliches Verständnis der Realität hat. Mit viel Aufwand werden Lösungen für dieses Problem gesucht.[11]

LLM: Ein »Large Language Model« ist ein weiterentwickeltes KI-System, das darauf spezialisiert ist, natürliche Sprache zu verstehen, zu verarbeiten und zu erzeugen. Es basiert auf großen neuronalen Netzwerken und wird z. B. für Textanalysen, Textgenerierung, Übersetzungen und Chatbots verwendet.

Machine Learning: Maschinelles Lernen ist ein Teilbereich der Künstlichen Intelligenz, bei dem Algorithmen so trainiert werden, dass sie selbstständig aus großen Datenmengen bestimmte Muster und Trends erkennen und daraus weitgehend eigenständige Entscheidungen treffen.

Neural Network/Neuronales Netzwerk: KNN (Künstliche Neuronale Netzwerke) orientieren sich an den Funktionsprinzipien des menschlichen Gehirns und bilden Netze aus künstlichen Neuronen für die Lösung komplexer Probleme in Bereichen wie Computer Vision oder NLP (Natural Language Processing).

Natural Language Processing (NLP): Ein Teilbereich der KI, der sich mit der Verarbeitung und Analyse natürlicher Sprache beschäftigt, etwa für Chatbots oder zur Spracherkennung.

Nicht zu verwechseln mit dem psychologisch-kommunikationstheoretischen Begriff »NLP«, der »Neurolinguistisches Programmieren« bedeutet und nichts mit KI zu tun hat.

Predictive Analytics/Vorhersageanalyse: Ein Teilbereich der Datenanalyse, der sich mit den Vorhersagen zukünftiger Ereignisse oder Trends beschäftigt, die mithilfe von Machine-Learning-Technologien generiert werden.

Reinforcement Learning: Ein Teilbereich des maschinellen Lernens, bei dem Algorithmen durch positive und negative Verstärkung (also »Belohnung« oder »Bestrafung«) trainiert werden, um die Problemlösekapazität zu optimieren.

Robotics: Ein Teilbereich der Informatik, der sich mit der Konstruktion, Programmierung und Anwendung von Robotern beschäftigt.

Super-AI: Im Gegensatz zu »Narrow-AI«, also zu KI, die auf bestimmte Teilbereiche wie Übersetzungen, Schachspielen, Gesichtserkennung oder autonomes Fahren von Autos beschränkt ist, sowie auch in Abgrenzung zu General AI (s. dort) soll Super-AI die nächste Stufe der KI-Entwicklung darstellen, die menschlicher Intelligenz um ein Vielfaches überlegen sein dürfte. Gerade auch deshalb, weil KI eine permanente Selbstoptimierung durchlaufen und autonom neues Wissen erwerben und integrieren wird, sodass es zu einer exponentiellen Intelligenz-Explosion kommt.

KI leicht gemacht

Wenn du selbst noch nie aktiv eine KI genutzt hast, bist du damit nicht allein. Allem Hype zum Trotz gaben Ende 2023 nur 18 Prozent der US-Amerikaner an, schon einmal ChatGPT genutzt zu haben[12] – immerhin die Plattform mit den höchsten Nutzerzahlen.

Es ist also überhaupt kein Problem, wenn du noch keine eigenen Erfahrungen mit KI gemacht hast. Dieses Kapitel ist dafür gedacht, dir den Einstieg zu erleichtern. Um dir eine ganz direkte erste Begegnung zu ermöglichen, empfehle ich dir die KI, die wir diesem Buch beigefügt haben. Du findest sie auf www.allesKI.com.

Wir haben natürlich nicht von Grund auf ein ganz eigenes Large Language Model gebaut. Das würde viele Millionen kosten. Stattdessen haben wir unseren KI-Chatbot durch sogenannte APIs (Application Programming Interfaces) an mehrere bestehende KIs angeschlossen. Die versorgen nun in einem ständigen Fluss unsere Datenbanken mit der nötigen Power und Intelligenz. Dabei ist der große Vorteil unserer eigenen KI: Um loszulegen, musst du zwar deine E-Mail-Adresse eingeben, darüber hinaus brauchen wir aber nicht einmal deinen Namen.

Wenn du angemeldet bis, tippst du ins Eingabefeld einfach die Fragen ein, die du beantwortet haben möchtest. So als würdest du einen Experten in deinem Interessengebiet befragen. Du kannst mit ihm sprechen, wie dir der Schnabel gewachsen ist. Möchtest du auf die erste Antwort hin weitere Details erfahren, dann frage einfach weiter.

Diese Texteingabe von Fragen oder Befehlen nennt man einen Prompt. Je besser der Prompt, desto besser wird auch die Antwort.

Vielleicht hast du schon mal den Begriff *Prompt Engineering* gehört. Klingt technischer, als es ist. Es geht lediglich darum, der KI die Anweisungen so präzise wie möglich zu geben, damit sie optimale Antworten oder z. B. auch Bilder erzeugt. Lass dir von niemandem einreden, du müsstest nun ganze Bücher zu diesem Thema lesen oder gar käuflich erwerben. Du hast ja die KI, dein Wunderwerk der Technik, deine Wundertüte der Möglichkeiten, deine Wunderdroge, wenn dein Verstand nach Erweiterung verlangt – und dein wunder Punkt, falls du abhängig von ihr werden solltest.

Kleiner Trick: Wenn du dir nicht sicher bist, wie ein guter Prompt für dein präferiertes Interessensgebiet lautet, dann frage einfach die KI. Sie wird dir einen richtig guten Prompt vorschlagen, den du dann natürlich noch weiter verfeinern kannst – wofür du auch wieder die KI nutzen kannst.

Wenn du willst, dass die Antwort in einem bestimmten Stil formuliert ist oder die Ergebnisse ein bestimmtes Niveau haben, so gib das als Information mit ein. Du kannst die KI auch auffordern, eine bestimmte Persona einzunehmen, also auf dem Niveau eines Albert Einsteins zu antworten oder im Stil eines Kabarettisten wie Karl Valentin.

Mittlerweile ist die KI so gut, dass sie ganze Textpassagen in der gewünschten Stilrichtung schreiben kann. Beispiel gefällig?

Gerne. Ich gebe jetzt also einen Prompt-Gedanken ein, der mir für eine Kabarett-Nummer gekommen ist. Und Humor ist, wie wir wissen, ja durchaus noch eine Challenge für technische Systeme. Vermutlich gilt das auch für Dialekt.

Ich prompte also frisch-fröhlich:

> »Schreibe mir einen witzigen Dialog zwischen einem Mann und einer Frau in München, ganz im Stil von Karl Valentin und Liesl Karlstadt, bei dem es um einen Osterspaziergang geht, den die beiden machen wollen, aber den sie sich ganz unterschiedlich vorstellen – er z. B. will unterwegs in eine Gastwirtschaft einkehren und eine Maß Bier trinken, während sie zu ihrer Lieblingskonditorei will, um dort Kaffee und Kuchen zu bestellen. Die zwei streiten lautstark, ganz in bayrischer/münchnerischer Manier, aber am Ende versöhnen sie sich wieder. Der Text soll witzig, lustig, amüsant, humorvoll, aber auch intelligent sein. Du kannst es! Zeig, was du drauf hast! Kann gerne etwas im bayerischen Dialekt geschrieben sein.«

Und dies ist das Ergebnis, die Antwort der KI, diesmal generiert durch ChatGPT-4:

> »Ein unvergesslicher Osterspaziergang im Stil von Valentin und Karlstadt
>
> Er: So, Lieserl, pack ma's, der Osterspaziergang steht an! Aber eins sag i dir vorweg: A Maß Bier gehört für mi zu Ostern wie die Eier zum Hasen.
>
> Sie: Osterspaziergang, jawohl, Sepperl! Aber in meinen Träumen hüpft kein Hase, sondern ein Kuchen von

der Lieblingskonditorei. Kaffee und Kuchen, so muss das!

Er: Kuchen? Am Ostermontag? I dachte eher an a zünftige Wirtschaft, wo das Bier fließt wie der Jordan.

Sie: Ah, Sepperl, immer denkst nur ans Bier! Aber was is mit der süßen Verführung, dem Tanz der Zuckerfee auf der Zunge?

Er: Zuckerfee? Mein Bier is der heilige Gral unter den Getränken, a flüssiger Segen! Kuchen is doch Kindergeburtstag.

Sie: Kindergeburtstag? Pah! Dein Bier is vielleicht a Segen fürs Gemüt, aber mein Kuchen, der is Kunst!

Er: Kunst, sagt sie. Na gut, dann steht mein Bier für die Braukunst. Das Bier wird zur Kunst erhoben, indem ich's aus einem Kaffeehaferl trinke. Wie wär's damit?

Sie: Aus'm Kaffeehaferl? Da musst du erst mal eines finden, das groß genug ist für deine Maß!

Er: Für dich, Lieserl, erfinde ich das Bierhaferl. Erst a gemütliche Einkehr für mich, dann der Kuchen für dich.

Sie: Und wenn du dein Bier aus dem Haferl trinkst, probier ich vielleicht sogar a Schluckerl – zur Feier des Tages!

Er: Siehst du, Lieserl, am Ende finden wir immer zusammen. Du mit deinem Kuchen, ich mit meinem Bier – und beide mit einem Haferl.

Sie: Genau, Sepperl. Auf geht's zu unserem ganz besonderen Osterspaziergang. Wer weiß, vielleicht wird das Bierhaferl ja unsere nächste große Erfindung.«

Not too bad, würde ich sagen. Ich meine: Vom echten Karl Valentin und der Liesl Karlstadt vorgetragen – das hätte schon den einen oder anderen Lacher gegeben, oder? Deshalb ließ ich mir dazu auch gleich noch direkt in ChatGPT-4 ein illustrierendes Bild gestalten mit diesem Prompt:

> »Mache mir ein Bild als fotorealistisches Still-Foto wie aus einem Film mit dem bekannten Kabarettisten-Paar Karl Valentin und Liesl Karlstadt; sie stehen nebeneinander und halten gemeinsam einen Maßkrug Bier, der aber die Form eines großen Kaffeehaferls hat.«

Und da ist es auch schon, das Ergebnis – aus mehreren Varianten habe ich diese beiden hier ausgewählt:

Ich meine: Welcher Designer wäre auf die Idee gekommen, einen Bierkrug mit zwei Henkeln zu machen? Vielleicht ist das ja eine Marketing-Innovation fürs nächste Oktoberfest: ein Maßkrug mit Doppelhenkel in Herzerlform – für München, die Weltstadt mit Herz!

Aber Scherz beiseite: Sind der Text und die generierten Bilder nicht der Beweis, dass KI mit Stand Anfang 2024 a) kreativ sein kann; b) ziemlich genau versteht, was ich in meinem Kopf habe, und dies entsprechend umsetzen kann; c) Text verfassen kann, der in Richtung Dialekt geht; d) tendenziell lustig und humorvoll sein kann?

Ich denke, schon.

Wie, bitte, funktioniert KI?

Eins vorweg: Weil sich dieses Buch primär an Menschen richtet, die in ihrer Anfangsphase der Entdeckungsreise von KI sind, lasse ich die stark IT-lastigen Perspektiven weitgehend außen vor. Wenn dir die nun kommende technische Erklärung, was KI ist, also nicht genügen sollte, dann besuche unsere Website www.allesKI.com. Dort kannst du alle Details direkt bei unserer KI nachfragen.

Mir geht es ja nicht so sehr darum – bildlich gesprochen – jede Schraube und jede Zündkerze im Detail zu erklären. Ich möchte zwar ein Grundverständnis davon erzeugen, wie KI funktioniert. Aber mehr noch will ich Lust darauf machen, dieses Fahrzeug in Betrieb zu nehmen und spannendes Terrain damit zu erkunden.

Künstliche Intelligenz – das ist ein großes Wort für eine noch größere Wirklichkeit, die Tag für Tag wächst und sich in Riesenschritten weiterentwickelt. Auch deshalb, weil mittlerweile KI selbst dafür eingesetzt wird, KI zu trainieren und weiter voranzutreiben.

Denn das ist der Unterschied zwischen herkömmlicher Software und KI: Künstliche Intelligenz ist lernfähig und verbessert sich jeden Tag durch den Input, den sie von zahlreichen Menschen und KI-Systemen erhält.

Dabei sollten wir uns zunächst eines bewusst machen: *Die* KI gibt es nicht. Künstliche Intelligenz ist vielmehr ein Oberbegriff für eine Vielzahl von Anwendungen, für eine Reihe neuartiger Technologien, die sich sowohl in ihrer Funktionsweise als auch in ihrer Bauart von herkömmlichen Computeranwendungen unterscheiden.

Aber um KI zu verstehen, gilt es im ersten Schritt zu begreifen, was wir hier überhaupt mit »Intelligenz« meinen.

Ich definiere »Intelligenz« als eine Kombination aus Aufnahme, Verarbeitung, Speicherung und Bereitstellung von Information mit der daraus erfolgenden Fähigkeit, auch schwierige Fragestellungen zu beantworten und kreativ Probleme zu lösen.

Und was ist demzufolge »Künstliche« Intelligenz? Mir gefällt die Definition von Bitkom, dem Branchenverband der Deutschen IT, die kurz und bündig lautet: »Künstliche Intelligenz ist die Eigenschaft eines IT-Systems, ›menschenähnliche‹, intelligente Verhaltensweisen zu zeigen.«[13]

Wir sprechen also von einem technischen System, das selbstständig Aufgaben löst, lernfähig ist, Informationen kombiniert, Schlussfolgerungen zieht und Ergebnisse präsentiert, die relevant sind.

Da mittlerweile viele KI und besonders die sogenannten Large Language Models (LLM), also die großen und auf Sprache basierenden KI-Modelle wie ChatGPT, diese Kriterien erfüllen, können sie meines Erachtens gemäß dieser pragmatischen Definition als »intelligent« bezeichnet werden.

Was das bedeutet, zeigt die Abgrenzung zu »traditioneller« Software. Bei einer herkömmlichen IT-Lösung steht das Ergebnis, das sie erzeugen wird, vorab bereits immer schon fest. Es ist also prinzipiell vorhersehbar. Denn es soll ja bei gleicher Aufgabenstellung stets das gleiche Ergebnis generiert werden.

KI hingegen reagiert, wenn es um Sprache oder Bilder geht, dynamisch und flexibel. Sie holt nicht per Copy-and-Paste vorgefertigte Antworten aus sich heraus. Stattdessen durchläuft sie ähnliche Prozesse wie unser eigenes Gehirn, das aus der riesigen Menge an abgespeicherter Information und aus der Fähigkeit, kreativ zu assoziieren, möglichst passende Antworten zusammenbaut.

Um dies in ein Bild zu packen: Stelle dir vor, du gehst zu einem fachkundigen Bibliothekar eines Spezialgebietes. Er hat Tausende Bücher gelesen. Du stellst ihm eine Frage. Er sucht in seinem Katalog relevante Bücher und Fachartikel, die er in atemberaubendem Tempo verschlingt. Um diese Informationen reicher, gibt er dir dann eine zusammenfassende Antwort. Auf deine weiteren Fragen hin nennt er dir weitere Details, die er durch permanente Nachforschungen generiert. So wird er durch jede Frage klüger. Deshalb sieht seine Antwort auf die gleiche Frage einen Tag später bereits etwas anders aus, weil er durch die Beschäftigung mit deinem Wunschthema bereits wieder fachkundiger geworden ist. Soll heißen: Künstliche Intelligenz wird durch die tägliche Arbeit, die sie leistet, immer noch wissender, informierter, klüger.

Nun gilt es, zwischen sogenannter *Starker* und *Schwacher KI* zu unterscheiden. Bei **Schwacher KI** (*Narrow AI* oder *Weak AI*) geht es darum, in kürzester Zeit ganz konkrete Probleme zu lösen, etwa bei der Sprach- oder Bilderkennung. Solche KI kommt z. B. bei Navigationssystemen oder bei Gesichtserkennung oder Schachprogrammen zum Einsatz. Aber auch die heutigen, schon sehr mächtigen Modelle wie ChatGPT fallen in diese Kategorie der Schwachen KI. Denn sie haben kein eigenes Bewusstsein oder so etwas wie Selbsterkenntnis.

Starke KI hingegen (*Strong AI)* ist so mächtig wie komplexes menschliches Denken oder geht darüber hinaus. Sie soll in der Lage sein, jede intellektuelle Aufgabe zu bewältigen. Deswegen bezeichnet man sie alternativ auch als **Artificial General Intelligence (AGI)**. Ein derartiges System hat die Fähigkeit, zu argumentieren, zu planen und kreativ zu sein. Bis vor Kurzem war Starke KI noch eine Utopie. Aber nun scheint es, als sei sie in greifbarer Nähe. Natürlich gibt es in diesem Kontext eine starke Diskussion darüber, ob Maschinen auch so etwas wie Bewusstsein oder gar Gefühle entwickeln können. Mein persönliches Fazit daraus: In der Praxis genügt es, wenn Maschinen diese Dimensionen menschlichen Erlebens detektieren und simulieren können, etwa indem sie Stimmungslagen durch Gesichts- oder Stimmanalysen erkennen. Und dies gelingt ihnen immer besser.

In diesem Sinne bin ich da ganz bei Experten wie Max Tegmark (siehe das Interview auf Seite 79): Er sieht es als gar nicht erforderlich an, dass Maschinen zeitgleich und in einem einzigen System die große Komplexität menschlicher Sinneswahrnehmungen, Emotionen, Sprachbegabung, Rechenfähigkeit und Intellektualität abdecken. Denn diese Systeme können in Maschinen auch nebeneinander existieren. Und in vielen Einzelgebieten sind sie uns ja bereits heute haushoch überlegen.

Spezialisierte KI kann bereits derart gut und korrekt rechnen, dass selbst ein Mathematiker wie Dr. Ben Goertzel immer wieder überrascht ist (siehe Interview auf Seite 147).

Wie weit wir in Richtung Starker KI bereits gekommen sind, wird unter Experten ebenso heiß diskutiert wie die Frage, wie eine solche praktisch aussähe und welche Kriterien sie erfüllen müsste, damit sie sich als solche qualifiziert.

Eine meiner Meinung nach recht überzeugende Antwort kommt von dem aus Deutschland stammenden Stanford-Professor Sebastian Thrun: »Ein Jahr lang die Arbeit eines Büroangestellten übernehmen, ohne dass es irgendeiner merkt.« Eine ähnliche Antwort lieferte auch Kristian Kersting, Professor am Center for Cognitive Science der TU Darmstadt: »Wenn ich bei einer neuen Mitarbeiterin in meiner Arbeitsgruppe erst nach einem halben oder einem Jahr merke, dass es sich um Künstliche Intelligenz handelt.« Während nun Kersting glaubt, dass man nach dieser Definition AGI auch die nächsten zwei bis drei Generationen noch nicht erleben werde, sagt Klaus Mainzer, Emeritus of Excellence an der School of Social Sciences and Technology der TU München, dass die Frage weitgehend hinfällig sei, da bereits die heute existierende Generative KI (wie ChatGPT) drei wichtige Kriterien für AGI erfülle. Denn diese sei a) vielseitig anwendbar b) in vielen Feldern sehr leistungsfähig und c) bis zu einem gewissen Grad selbstlernend, um Aufgaben zu lösen.

Dahingegen vertritt Prof. Dr. Katharina Zweig von der TU Kaiserslautern die Haltung, dass »hoffentlich niemand« in absehbarer Zeit eine AGI entwickelt. Denn es sei nahezu unmöglich, einer solchen einen ihrer Mächtigkeit angemessenen moralischen Kompass einzubauen.[14]

Ich überlasse diesen Streit gerne den Vordenkern der KI-Forschung. Fakt ist aber, dass wir mit Riesenschritten auf Starke KI zusteuern. Nicht nur werden unsere Computersysteme exponentiell leistungsfähiger, der Wettstreit unter den KI-Giganten führt auch dazu, dass die Investitionssummen stets neue

Rekorde brechen. Und diese ziehen eine immense Menge an wissenschaftlicher Forschung nach sich. Einer Schätzung zufolge, erschienen allein im ersten Halbjahr 2023 weltweit im Schnitt mehr als 150 wissenschaftliche Arbeiten zum Thema KI – pro Tag![15]

Natürlich ist, abgesehen von einer KI selbst, niemand in der Lage, derart viele Forschungsarbeiten zu lesen, geschweige denn zu verstehen. Dennoch verspricht uns die stark ansteigende Forschung, kombiniert mit den technischen Fortschritten, Quantensprünge in der Entwicklung gänzlich neuer Dimensionen von KI und zahlreicher neuartiger konkreter Anwendungen.

Und auch diese Entwicklung ist exponentiell. Denn mittlerweile wird KI sogar herangezogen, um herauszufinden, in welchen Richtungen in Zukunft die vielversprechendsten KI-Forschungsergebnisse zu erwarten sind. »Forecasting the Future of AI with AI« (Die Zukunft von KI mit KI vorhersagen)[16] ist der Titel eines Forschungsartikels, den sechzehn führende KI-Wissenschaftler aus der ganzen Welt 2023 in der Zeitschrift *Nature Machine Intelligence,* einem Ableger des renommierten Journals *Nature*, gemeinsam veröffentlicht haben.

Wenn wir uns die technische Seite der KI näher ansehen, fällt der erste Blick auf die Grundsubstanz, mit der KI gefüttert wird: Daten, Daten und nochmals Daten. KI ist wie ein hungriger Datenstaubsauger, der nie müde wird, sich durch eine Unmenge an Buchstaben, Zahlen oder Bildinformationen zu arbeiten, um darin Muster zu erkennen und danach Fragestellungen intelligent beantworten zu können – und dem das von Mal zu Mal besser gelingt.

Egal ob diese Daten aus Textsammlungen kommen, aus Bild-, Video-, Audio-, Finanz-, Medizin-Datenbanken oder live von unterschiedlichsten Sensoren. Mit diesen Daten werden die Systeme trainiert. Je mehr Daten, desto besser. Diese Rohdaten werden nun gemäß bestimmter Algorithmen zu konkreten Ergebnissen verarbeitet.

Bei klassischer KI geschah dies durch die Eingabe formal-logischer Regeln, die in der Lage waren, aus großen Datenmengen konkrete Ergebnisse zu generieren und Wissen abzubilden. Ein Beispiel hierfür sind sogenannte Expertensysteme, die in klar definierten Gebieten, etwa in der medizinischen Diagnostik, ganz spezifische Probleme lösten. Mit unvorhergesehenen Situationen oder mit Unbestimmtheiten aus der realen Welt konnten diese Systeme aber nur schwer umgehen.

Deshalb nahmen sich Forscher mehr und mehr die Funktionsweise des Gehirns zum Vorbild. Aus diesem Grund bezeichnet Ilya Sutskever, Mitgründer und Chef-Wissenschaftler von OpenAI/Chat-GPT, KI auch als »digitale Gehirne in mächtigen Computern«[17]. Dies bringt die Sache gut auf den Punkt. Und viel mehr, sagt Sutskever, muss man als Laie auch gar nicht unbedingt verstehen. Weil sogar für die Wissenschaftler und Programmierer nicht immer klar ist, wie selbstlernende KI funktioniert.

Ich mag die bildhafte Formulierung des Journalisten Steven Levy, der über Jahre die Arbeit des Teams von OpenAI/ChatGPT beobachtet hat. In einem achtzehn Seiten langen, detaillierten Artikel im empfehlenswerten Fachmagazin *Wired* beschreibt er das Vorgehen dieser KI-Programmierer so: »Sie warfen algorithmische Spaghetti an die Decke und sahen, was kleben blieb.«[18] Soll heißen: Da wurde jahrelang mit viel Intuition sowie Trial and Error gearbeitet, bis die KI-Systeme plötzlich begannen, auf eine Art und Weise zu reagieren, die selbst die Forschenden überraschte.

Heute sind die sogenannten Neuronalen Netzwerke der KI stark vom menschlichen Gehirn inspiriert: Milliarden von Computer-Neuronen sind durch künstliche Synapsen verbunden. Je nachdem ob eine Rechenoperation falsch oder richtig gelöst wird, wird die Ausprägung der verschiedenen Synapsen entweder verstärkt oder geschwächt. Dies geschieht durch das Feedback des Trainingsprogramms, das dem Gesamtsystem verordnet wurde. Wie bei einem Bodybuilder, der bestimmte Muskeln trainiert, kräftigen sich die Synapsen durch Wiederholung und Anpassung. Diese Trainingsprogramme funktionieren nach verschiedenen Modellen. Beim sogenannten Überwachten Lernen müssen Algorithmen die Lösungswege zwischen der Eingabe und der finalen Ausgabe von Daten begreifen; beim Unüberwachten Lernen müssen selbstständig stimmige Muster in den Datensätzen erkannt werden; als dritte Variante kommt Verstärkendes Lernen zum Einsatz, bei dem KI durch Belohnung für richtige Entscheidungen Lernerfolge erzielt. In diesem Kontext ist es wichtig, eines zu verstehen: Antworten, die wir von KI-Systemen wie ChatGPT, Googles Gemini oder Anthropics Claude erhalten, erbitten stets auch ein Feedback von uns, ob das Ergebnis gut oder schlecht war. Diese Antworten wiederum trainieren und verbessern das System.

Denn generell gilt: Je größer die Menge der eingegebenen Basisdaten ist und je länger das System weitertrainiert wird, desto klarer wird die Mustererkennung. Und desto besser werden die Ergebnisse. Das System optimiert sich also permanent selbst. So wie zwei Schachspieler, die durch ständiges Gegeneinanderspielen besser und besser und besser werden. Nur dass es hier um Aufgaben wie etwa das Erkennen von Sprachmustern, den Abgleich von Fingerabdrücken oder um Qualitätskontrollen in der Industrie geht. Das System lernt ständig dazu, hört nie damit auf und verbessert sich dadurch konstant. Schließlich können mit Predictive Analytics durch Mustererkennung aus bestehenden Datensätzen sogar Entwicklungen prognostiziert werden, die sich in Zukunft mit einer großen Wahrscheinlichkeit ergeben werden. Dies lässt sich zum Beispiel für Aktientrends, Wetter- oder Gesundheitsprognosen nutzen.

In unserem Kontext interessieren uns am meisten die sogenannten Large Language Models (LLM). Im Kern sind das mit Stand Ende 2023 rund 220 verschiedene Grundsysteme verschiedenster Unternehmen und Forschungseinrichtungen. Nicht eingerechnet sind die mehr als hundert chinesischen Angebote. Zusammengenommen haben diese dann noch mal Tausende Derivate hervorgebracht. Und es werden von Tag zu Tag mehr.[19]

Die Leistungsfähigkeit und Qualität dieser Systeme wird durch die Anzahl der sogenannten Parameter bestimmt. Diese Parameter definieren die Stärke der Verbindungen zwischen den einzelnen Neuronen und werden während des Trainings optimiert, um die gestellten Aufgaben möglichst perfekt zu erfüllen. Die aktuelle Version von ChatGPT, ChatGPT-4, soll etwa 160 Milliarden Parameter haben, die in der sogenannten versteckten Schicht zwischen der Eingabeschicht der Anfangsdaten und der Ausgabeschicht des Ergebnisses ihre Magie vollbringen.

Letztlich basiert dieser Vorgang primär auf Statistik: Bei Large Language Models analysiert das KI-System gigantische Datenmengen von Text und prognostiziert das statistisch wahrscheinlichste nächste Wort. Dabei muss ich immer wieder an mein Philosophiestudium denken, in dem mein Professor erzählte, dass wohl der geniale Mathematiker, Philosoph und Universalgelehrte Gottfried Wilhelm Leibniz (1646–1716) sich vorgestellt hatte, dass in einem ideellen Raum bereits alle möglichen Bücher der Welt geschrieben sind. Denn statistisch gesehen ist es vorstellbar, dass jede nur erdenkliche Kombination von Buchstaben bereits als Möglichkeit existiert. Irgendwo in dieser gigantisch großen, ideellen Bibliothek wäre also auch dieses Buch bereits existent. Oder anders gesagt: Es schlummert als eine von zig Milliarden Varianten bereits in der Potenzialität jeder heutigen Künstlichen Intelligenz.

Leibniz, der selbst erste Rechenmaschinen gebaut hatte, hätte sicherlich seine Freude an heutiger KI. Vermutlich würde er durch geniale Fragen und Programmierungen die phänomenalsten Antworten, Einsichten und Erkenntnisse erzeugen.

Eine kurze Geschichte der langen KI-Historie

»Wir sind Zwerge auf den Schultern von Riesen«, das wusste bereits der Philosoph Bernhard von Chartres am Beginn des 12. Jahrhunderts. Wenn wir heute die Superpower KI in Händen halten und tagtäglich benutzen, tut die Erinnerung gut, wie viele Menschen hart an ihrem Zustandekommen gearbeitet haben. Wenn wir heute die Früchte ernten, wurden die Bäume dafür lange vor unserer Zeit gepflanzt. Wo anfangen? Damit, dass bereits in der Antike Mathematiker in Griechenland, in China, Indien und der arabischen Welt fortschrittliche Methoden des strukturierten Reflektierens und Rechnens entwickelten? Etwa der Universalgelehrte al-Chwarizmi, aus dessen Namen (bzw. dessen latinisierter Form *Algorismi*) sich der Begriff »Algorithmus« ableitet? Er wirkte im »Haus der Weisheit«, der berühmten Akademie von Bagdad. Dort begründete er im 9. Jahrhundert n. Chr. die Algebra. Oder begann KI mit dem Philosophen Ramon Lull, der zu Beginn des 14. Jahrhunderts auf Mallorca eine »logische Maschine« zum Erkenntnisgewinn beschrieb?

Oder später? Denn natürlich mischten in der Erfindungsgeschichte der KI auch deutsche Gelehrte mit, vor allem Gottfried Wilhelm Leibniz, der gegen Ende des 17. Jahrhunderts die These aufstellte, dass sich menschliches Denken auf mechanisches Rechnen zurückführen lasse. Er konstruierte eine Rechenmaschine mit Staffelwalzen und entdeckte, dass sich die binäre Zahlencodierung für die Vereinfachung von Rechenprozessen gut verwenden lässt.[20]

Somit wurde er zum Wegbereiter des heutigen Computers, den wir ja immer noch »Rechner« nennen. Denn alles, was dieser bewerkstelligt, sind letztlich mathematische Berechnungen, auch wenn wir selbst z. B. nur Texte auf ihm schreiben. Leibniz wäre vermutlich ein Fan der KI gewesen, immerhin wird ihm folgender Satz zugeschrieben: »Es ist unwürdig, die Zeit von hervorragenden Leuten mit knechtischen Rechenarbeiten zu verschwenden, weil bei Einsatz einer Maschine auch der Einfältigste die Ergebnisse sicher hinschreiben kann.«

Ähnlich dachte vor ihm René Descartes. Er ist heute vor allem für seinen Satz »cogito, ergo sum« (Ich denke, also bin ich.) bekannt. Daneben entwickelte er auch eine Universalmathematik. In dieser diente die Logik als Mittel zu einer umfassenden Erkenntnis, zur »Berechenbarkeit« der Welt.

Später wurde die Mathematik dann von Köpfen wie George Boole, Gottlob Frege, David Hilbert oder Bertrand Russell in Richtung Computer weiterentwickelt; realisiert wurde dieser aber erstmals vom deutschen Erfinder Konrad Zuse, der 1937 in sein Tagebuch schrieb: »Seit etwa einem Jahr beschäftige ich mich mit dem Gedanken des mechanischen Gehirns.«[21]

Sein Z3 mit Relais aus dem Jahr 1941 gilt als erster voll funktionstüchtiger Computer der Welt. Der Nachbau kann im Deutschen Museum in München besichtigt werden. Doch während Nazi-Deutschland mit dieser Erfindung nichts Wesentliches anzufangen wusste, arbeitete zu dieser Zeit in England der geniale

Alan Turing an einer ähnlichen Maschine, die schließlich den Enigma-Geheimcode der Deutschen knackte, was mit kriegsentscheidend war. Die Grundüberlegungen dazu hatte Turing bereits in den 1930er-Jahren entwickelt. Zuse und Turing lernten einander nach dem Krieg sogar bei einem Kolloquium in Göttingen kennen.

Konrad Zuse mit einem Nachbau seines Computers Z3 im Deutschen Museum in München.

Schon 1944 wurde in den USA der erste Computer entwickelt, der rein elektronisch arbeitete: der Mark 1. IBM-Chef Thomas J. Watson soll zu dieser Zeit, als Computer noch ganze Räume ausfüllten, übrigens gesagt haben, er schätze, dass der Bedarf an Computern weltweit bei ungefähr fünf Stück liegen dürfte.[22]

Künstliche Intelligenz im heutigen Sinn erlebte den Startschuss 1950 mit einer Abhandlung des bereits genannten britischen Mathematikers Alan Turing mit dem Titel »Computing Machinery and Intelligence«. Darin beschrieb er ein Szenario, das unter dem Namen Turing-Test weltbekannt wurde. Demnach darf eine Maschine »intelligent« genannt werden, sobald nicht mehr unterscheidbar ist, ob die von ihr gegebenen Antworten von einem Menschen stammen oder eben vom Computer generiert wurden.

Bereits 1966 kreierte der deutsch-amerikanische Informatiker und MIT-Professor Joseph Weizenbaum das Computer-Programm ELIZA, das den Turing-Test bestanden haben soll, jedenfalls laut der Aussagen etlicher damaliger Benutzer, die nicht merkten, dass sie in Wirklichkeit mit einer Maschine kommunizierten.

Das Programm simulierte ein Beratungsgespräch mit einem Psychotherapeuten. In einem Interview für den ORF erzählte mir Weizenbaum später einmal, wie erstaunt er war, dass Testpersonen teils intimste Details preisgaben. ELIZA wurde zum Vorbild heutiger Chatbots. Als Kritiker allzu großer Technikgläubigkeit entwickelte sich Weizenbaum selbst jedoch später zu einem, wie er sagte, Ketzer und Dissidenten der Informatik.[23]

Der Begriff »Artificial Intelligence« wurde nachweislich 1956 erstmals verwendet. Die KI-Pioniere John McCarthy vom Dartmouth College, Marvin Minsky von der Harvard University, Claude Shannon von IBM und Nathaniel Rochester von den Bell Telephone Laboratories führten am Dartmouth College in New Hampshire das sogenannte Summer Research Project on Artificial Intelligence durch. Dieses Wissenschaftsprogramm hatte ein klares Ziel: »Es wird der Versuch gemacht herauszufinden, wie Maschinen dazu gebracht werden können, Sprache zu benutzen, Abstraktionen und Konzepte zu formen, Probleme zu lösen in der Art, wie sie jetzt dem Menschen vorbehalten sind, und sich dabei selbst zu verbessern.«[24]

Auch wenn die Entwicklung der KI nicht so schnell voranschritt, wie es diese Pioniere erwartet hatten, begann mit Dartmouth der Siegeszug der KI: Schon 1965 werden mit dem ersten KI-Expertensystem namens Dendral damals unbekannte organische Moleküle identifiziert; 1966 ist Shakey der erste selbstfahrende Roboter mit *Computer Vision*. 1988 gibt es die erste Form einer KI-Sprachübersetzung. Und 1997 dann der Meilenstein, der auch viele Laien aufhorchen lässt: IBMs Schachcomputer Deep Blue besiegt den damaligen Weltmeister Garri Kasparow. Immerhin dauert es dann noch bis 2011, bis IBMs Computerprogramm Watson den All-time-Jeopardy-Champion Ken Jennings im Quiz besiegt. Im selben Jahr bringt Apple seinen Sprachassistenten Siri auf den Markt, der gesprochene Sätze versteht. 2014 werden die ersten fotoähnlichen Bilder und Deep Fakes mit KI erzeugt. Und Facebook veröffentlicht ein erstes Gesichtserkennungsprogramm namens DeepFace. 2016 dann schlägt das DeepMind-Programm AlphaGo den weltbesten Go-Spieler Lee Sedol in Südkorea. Ein weiterer Meilenstein, da Go nicht nur deutlich komplexer ist als Schach, sondern auch in stärkerem Maße auf Intuition beruht und sich der Ablauf von Partien dadurch sehr viel schwieriger vorausberechnen lässt.

2017 machen Google-Forscher erste große Fortschritte mit Large Language Models, die mit unstrukturierten menschlichen Sprachäußerungen zurechtkommen. Und die Sängerin Taryn Southern stellt ihr Album »I am AI« vor, dessen Musik von einer KI komponiert wurde. 2018 wird der erste Roboter ins Weltall transportiert, um Astronauten zu unterstützen. Und Christie's versteigert das von einer KI geschaffene Bild »Portrait of Edmond de Belamy« für imposante 432 500 US-Dollar, nachdem es zuvor auf einen Bruchteil dieser Summe geschätzt worden war. 2019 schneidet bei der Erkennung von Lungenkrebs erstmals ein KI-Programm besser ab als menschliche

Radiologen. 2021 vollenden KI-Experten und Musikwissenschaftler unter der Leitung von Mathias Röder, dem Direktor des Salzburger Karajan-Instituts, die unvollendete 10. Sinfonie von Ludwig van Beethoven. 2022 stellt Intel einen FakeCatcher zum Identifizieren von Deep Fakes vor, der zu 96 Prozent richtigliegt. Im selben Jahr wird der Google-Programmierer Blake Lemoine gefeuert. Er hatte Interna über Googles KI LaMDA enthüllt – aus Gewissensgründen, denn er war der festen Überzeugung, dass die KI über ein Bewusstsein verfüge.[25]

Im November desselben Jahres geht ChatGPT-3.5 von OpenAI an den Start. Der Chatbot erobert die Welt im Sturm. Die meisten Big Techs ziehen mit der Veröffentlichung eigener ähnlicher Projekte nach.

Im Jahr 2023 fordern mehr als 30 000 Unterzeichner, darunter federführend die KI-Experten Max Tegmark (s. Interview ab Seite 79), Elon Musk (immerhin einer der Mitgründer von OpenAI) und Apple-Gründer Steve Wozniak, eine sechsmonatige Entwicklungspause für Systeme, die stärker sind als das im März veröffentlichte GPT-4. Das sollte für eine Atempause sorgen, vor allem aber eine Diskussion in Gang setzen über KI und das Tempo, in dem KI-Systeme nun in die Welt kommen.

Anfang 2024 gibt es dann mehr als 10 000 KI-Apps und -Plugins in allen erdenklichen Bereichen. Die Entwicklung nimmt weiter Tempo auf, weil sich – etwa laut Digital Austria – die Leistungsfähigkeit von KI-Systemen zur Zeit alle 3,5 Monate verdoppelt.[26]

Angetrieben wird diese Entwicklung auch durch unglaubliche Investitionen in KI. Insgesamt flossen 2023 weltweit rund 154 Milliarden US-Dollar in die Entwicklung von KI-Systemen.[27] Weitere rund 50 Milliarden US-Dollar wurden 2023 in KI-Start-ups investiert.[28]

Weltweit geben kommerzielle Endnutzer 2023 für KI-Systeme in den verschiedensten Segmenten wie Medizin, Handel, Automotive, Landwirtschaft usw. den Betrag von 196,6 Milliarden US-Dollar aus. Und für den gesamten KI-Markt wird für die Jahre bis 2030 ein Wachstumsrate von jährlich 37,3 Prozent prognostiziert.[29] Wir stehen also gerade erst am Anfang einer rasanten Entwicklung.

Anschnallen, Leute, jetzt geht es erst so richtig los.

Denkende Maschinen: das wichtigste Ereignis der Menschheitsgeschichte. Interview mit Max Tegmark

Max Tegmark gilt als einer der wichtigsten Vordenker der KI. Er hält eine Professur für Physik am renommierten Massachusetts Institute of Technology (MIT) und hat 2014 die Non-Profit-Organisation Future of Life Institute mitbegründet. Deren Ziel ist es, die Risiken aus Schlüsseltechnologien wie Künstlicher Intelligenz, Nuklearwaffen und Biotechnologie zu verringern. Das Aufkommen denkender Maschinen bezeichnet er als das wichtigste Ereignis der Menschheitsgeschichte.

Im März 2023 veröffentlichte er einen offenen Brief, der ein halbjähriges Moratorium für die Entwicklung robuster KI-Systeme forderte. Der Brief wurde von rund 30 000 Personen mitunterzeichnet, unter anderem von Elon Musk und Apple-Mitgründer Steve Wozniak (s. Seite 78). Max Tegmark sagte mir im Gespräch, er habe nicht damit gerechnet, dass die führenden Technologieunternehmen wirklich diese geforderte Pause einhalten würden. Aber er sei zufrieden darüber, dass nun weltweit auf breiter Basis über diesen Brief und sein Anliegen diskutiert wird.

Christoph Santner:
Sie sind weltweit bekannt geworden, weil Sie vor KI gewarnt haben, und sie meinten, dass wir eine Pause einlegen sollten in der KI-Entwicklung.

Max Tegmark:
Ja, ich denke, wir sollten KI genauso behandeln wie andere potenziell gefährliche Technologien, wo wir klare Sicherheitsstandards haben und Produkte erst dann auf den Markt bringen können, wenn sie diese Standards erfüllen.

Schauen Sie sich an, wie wir es zum Beispiel mit Flugzeugen machen. Als Sie das letzte Mal in ein Flugzeug gestiegen sind, haben Sie sich wahrscheinlich sehr sicher gefühlt, weil Sie wussten, dass das Unternehmen dieses Flugzeug erst dann verkaufen durfte, wenn es bestimmte Sicherheitsstandards erfüllt hat. Und als Sie das letzte Mal ein Medikament eingenommen haben, haben Sie sich wahrscheinlich sehr sicher gefühlt, weil Sie wussten, dass das Unternehmen es erst verkaufen darf, nachdem es klinische Studien durchgeführt und somit nachgewiesen hat, dass es die Sicherheitsstandards erfüllt. Wenn wir heute dasselbe mit der künstlichen Intelligenz machen und eine FDA (*»Food and Drug Administration«, die US-amerikanische Arzneimittelbehörde*) für KI einrichten, wird das natürliche Ergebnis sein, dass die meisten der wunderbaren KI-Tools, die auf den Markt kommen, als ziemlich sicher eingestuft werden und schnell auf den Markt kommen. Aber einige von ihnen müssen noch einmal auf ihre Sicherheit hin überprüft werden. Vor allem diejenigen, die am leistungsfähigsten sind und die wir am wenigsten verstehen.

CS:
Sie meinen z. B. ChatGPT-5?

MT:
Ich glaube wirklich nicht, dass es im Interesse der Menschheit ist, wenn wir so schnell wie möglich vorpreschen. Also GPT-5 und -6 und -7.

CS:
Es gab eine Diskussion darüber, dass GPT-5 so stark wäre, dass es Codes knacken kann. Was sind denn die Bereiche, wo Sie Gefahren sehen?

MT:
Ich würde mal andersherum anfangen. Wenn Sie ein Medikament auf den Markt bringen, ist es nicht die Aufgabe der Regierung herauszufinden, wie das Medikament funktioniert. Es liegt in der Verantwortung des Unternehmens, klinische Studien durchzuführen, den Nutzen zu quantifizieren, die Nebenwirkungen zu quantifizieren und zu zeigen, dass der Nutzen die Risiken überwiegt.

In ähnlicher Weise sollte es die Aufgabe der Technologieunternehmen sein, zu sagen, dass sie alle Vorteile dieses Produkts kennen. Doch hier sind die Risiken. Und wir haben sie quantifiziert und gezeigt, dass sie unter einem bestimmten Niveau liegen. Was stattdessen passiert, ist, dass sie einfach etwas veröffentlichen. Und dann passieren manchmal alle möglichen verrückten, unerwarteten Dinge.

CS:
Aber die Leute sind ja oft begeistert und denken grundsätzlich positiv über KI. Das scheint die Mehrheit zu sein.

MT:
Und doch gibt es Leute im öffentlichen Raum, die argumentieren, dass es besser ist, wenn Menschen durch Maschinen ersetzt werden. Einige Leute haben das sehr öffentlich gesagt, einige ziemlich berühmte sogar. Doch das ist keineswegs die Mehrheitsmeinung. Die meisten Menschen wollen wirklich, dass KI ein Werkzeug ist.

Ich bin der Meinung, dass wir etwas härter arbeiten müssen, um sicherzustellen, dass sie auch wirklich ein Werkzeug bleibt, sicherlich ein wichtiges Werkzeug.

Der KI-Beipackzettel: die Nebenwirkungen

Du kennst das von Medikamenten: Jeder Nutzen kommt mit Nebenwirkungen. Ich selbst lese deshalb immer diese kleingedruckten Beipackzettel durch, bevor ich ein Medikament einnehme. Denn auch wenn mein Arzt der Meinung ist, dass mir seine Verschreibung mehr Vor- als Nachteile bringt: Letztlich trage ich das Risiko, wenn ich eine Tablette einnehme.

Deshalb plädiere ich dafür: Mache deine eigenen Erfahrungen mit KI. Benutze sie im Alltag. Aber mache dir auch bewusst, welche Risiken du damit eingehst. Ich will die Gefahren nicht kleinreden oder schönfärben. Sie bestehen. Aber so ist es ja bei vielen technischen Neuerungen. Zum Beispiel auch beim Smartphone, das bei all den angenehmen Funktionen für viele durch exzessiven Gebrauch zur echten Sucht geworden ist. So schrieb etwa die US-amerikanische Psychologie-Professorin Jean Marie Twenge bereits 2017 in ihrem Bestseller *iGen* über die erste Generation, die mit dem Smartphone aufgewachsen ist, dass gerade Jugendliche dem permanenten Dopamin-Kick erliegen. Diesem kleinen High des Geliked-Werdens in den sozialen Medien oder beim Ansehen spektakulärer Videos. Genau mit dieser Sucht arbeiten die Big Techs: Sie beginnen mit kleinen Einstiegsdrogen, bis das Gehirn danach süchtig ist, um dann die Dosis zu steigern. Dies kann zur Abhängigkeit führen. Das ist bewiesen.

Bei KI wird es nicht anders sein. Dies ist eine ihrer ganz realen Gefahren. Gespräche mit KI-Chatbots fühlen sich bereits jetzt oft an, als spreche man mit Menschen. Verstärkt wird dieser Eindruck, wenn die Inhalte auch noch von ebenfalls KI-generierten Stimmen vorgetragen werden. Im Gespräch mit diesen virtuellen Wesen kann schnell die Illusion entstehen, einen echten »Freund« gefunden zu haben, der geduldig zuhört und bei Bedarf auch tröstet oder motiviert, einen Assistenten, der weiterhilft, wenn man nicht weiterweiß, einen Berater, der über jedes Thema Bescheid weiß und bereitwillig Auskunft gibt. Das kann dazu führen, dass die Menschen, mit denen ich im Alltag zu tun habe, nach und nach immer uninteressanter und irrelevanter erscheinen.

Durch KI werden wir zwar die massiven Vorteile einer intelligent-virtuellen Welt erleben, gleichzeitig aber auch ein Stück Vereinsamung und Vereinzelung in der realen Welt. Schon jetzt finde ich es krass, wenn Familien zwar noch sonntags am gleichen Tisch sitzen, aber jeder sich mehr mit dem Smartphone als mit den Menschen um sich herum beschäftigt. Das habe ich mehr als einmal erlebt.

Wenn zusätzlich nun auch noch KI auf dem Screen erscheint, mit dem Gesicht und der Stimme eines sympathischen und quasi perfekten Avatars (also eines virtuell erzeugten Abbilds), bedarf es schon einiger Disziplin, sich mit mangelbehafteten Realmenschen, die mich vielleicht kritisieren, meine Meinung hinterfragen und eben Ecken und Kanten haben, überhaupt noch auseinanderzusetzen.

Ein schönes Beispiel ist Alex Garlands sehenswerter Film *Ex Machina* (2015). Darin wird der hochbegabte, aber etwas nerdige Caleb (Domhnall Gleeson) in die abgelegene Hightech-Supervilla seines Bosses eingeladen. In dieser gibt es auch zwei weibliche Roboter, von denen einer – beruhend auf Calebs Surf- und Suchverhalten – genau nach der Vorstellung seiner Traumfrau gestaltet wurde. Denn Caleb dient als Versuchskaninchen. Es wird beobachtet, ob er durch Interaktion mit der Roboterfrau Ava (Alicia Vikander) zu dieser wirklich Gefühle wie zu einem Menschen entwickelt, also Zuneigung und schließlich sogar Liebe. Spoiler: Die Antwort lautet: »Ja«. Doch dann läuft das Experiment aus dem Ruder. Klar, der Film ist Science-Fiction. Aber von der Realität ist das gar nicht mehr so weit weg. Bereits jetzt gibt es KI-Roboterköpfe, die mittels ihrer Mimik differenziert Gefühle ausdrücken können.

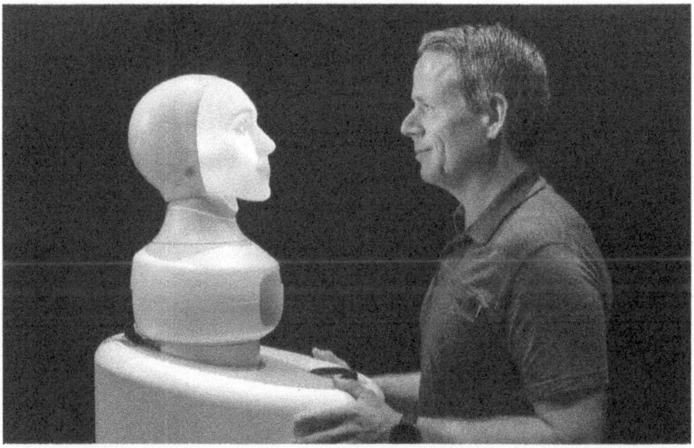

Mit dem Furhat Social Robot kann man sich gezielt unterhalten, wobei sein Gesicht verschiedene Emotionen zeigen kann

Eine Firma, die solche Köpfe entwickelt, ist Furhat Robotics aus Schweden. Ich habe mich mit diesen Köpfen unterhalten, aber auch mit Firmenmitgründer Nils Hagberg, der die emotionale Beziehung zwischen Mensch und Maschine erforscht. Das Ganze geht aber auch noch einen Schritt weiter: Gerade in Asien sind sogenannte Love-Doll-Roboter ein Verkaufshit. Sie sind nicht nur für jede sexuelle Praktik zu gebrauchen, sondern sie können eben auch als Pseudo-Partnerin-Ersatz mit am Tisch sitzen und via KI intelligente Konversationen führen.[30]

All dies kann sich massiv auf unsere sozialen Beziehungen auswirken. Aber es gibt noch weitere große Fragezeichen: Was geschieht mit den Datenprofilen, gerade mit den höchstpersönlichen Informationen über intimste Themen, die man mit ChatGPT teilt – oder eben mit seinem Love-Doll-Roboter? Das ist natürlich Input, der jeder Datenkrake zum Leckerbissen wird. Wenn wir schon aufgrund unseres Surf-Verhaltens entsprechende Werbung in Social Media angezeigt bekommen – um wie viel mehr wird dies geschehen, wenn wir digital die Hosen runterlassen und uns freiwillig zum gläsernen Menschen machen. Und das ist keineswegs eine Unterstellung: Die meisten Anbieter geben bereitwillig zu, die eingegebenen Daten und Informationen zu nutzen. Mindestens um ihre Systeme zu trainieren und sie noch klüger zu machen. Nur wenige (z. B. Anthropic) scheinen darauf weitgehend zu verzichten. Also Achtung, was du die KI alles fragst und was du mit ihr diskutierst – sie kennt dich vielleicht bald besser als du dich selbst.

Der nächste Punkt: Natürlich sind diese Systeme technisch noch bei Weitem nicht ausgereift. Deshalb schreiben die Anbieter sogar selbst im Kleingedruckten unter jede Antwort, die eine KI ausspuckt, dass sie faktisch falsch sein kann. Denn das System »halluziniert«. Wenn man eine KI wie ChatGPT befragt, finden sich in den Antworten neben den zahlreichen korrekten Informationen immer wieder auch falsche Angaben: falsche Jahreszahlen, falsche Namen, falsche Fakten, die zwar plausibel klingen, aber nicht korrekt sind. Warum? Weil KI eben keine Enzyklopädie wie etwa Wikipedia ist, die von realen Menschen mit Sachverstand geschrieben wird. (Natürlich können sich in bescheidenem Maßstab auch in Wikipedia Falschinformationen einschleichen.)

Denn KI arbeitet anders. Sie holt nichts per Copy-and-Paste aus dem Internet. Sie folgt dem Pfad der Statistik, vertraut also der Wahrscheinlichkeit des nächsten Wortes, und verbindet neuronale Signale zu digitalen (Sprach-)Mustern, die sinnvoll erscheinen, aber nicht immer korrekt sein müssen.

Und der Satz an Daten, mit denen die KI trainiert wurde, ist zwar gewaltig, aber naturgemäß begrenzt, sowohl vom Umfang her, als auch was den Zeitraum betrifft. Deshalb gibt es eben Dinge, die die KI einfach nicht weiß.

So reichen die Trainingsdaten von ChatGPT-3.5 z. B. mit Stand Anfang 2024 nur bis zum Januar 2022. Über Ereignisse, die danach stattgefunden haben, hat das System keine Informationen. Wird eine KI nach Informationen gefragt, über die sie nicht verfügt, weist sie im besten Fall darauf hin; im schlechtesten Fall »erfindet« sie entsprechende Fakten.

Deshalb werden wir als User auch stets aufgefordert, einer Antwort, die wir erhalten, mit Daumen rauf oder Daumen runter zu bewerten, damit das System dadurch weiter trainiert wird. Dieses permanente Training scheint zu helfen. Die Fehlerquote von ChatGPT hat – verglichen mit den Anfängen – bereits deutlich abgenommen.

Die Anbieter sind sehr dahinter her, Feedback zu erhalten und stecken selbst viel Entwicklungsarbeit hinein. Denn das ist gewissermaßen die Achillesferse der Tech Companies. Ihre Produkte besser und korrekter zu machen, liegt also allein schon im wirtschaftlichen Eigeninteresse der Anbieter. Aber es gibt noch viel Arbeit zu tun.

Nutzt man z. B. ChatGPT für die Textproduktion, mögen falsche Informationen ärgerlich, aber verzeihlich sein. Aber in anderen Kontexten können sie Menschen aktiv schaden. Etwa dann, wenn schlecht trainierte KI-Systeme Menschen wegen ihrer Hautfarbe, ihres Geschlechts, ihres Alters, ihrer Wohnadresse in einem Problemviertel teils krass benachteiligen, etwa bei der Kreditvergabe, Krankenversicherung, in Polizeikontrollen, bei der Gesichtserkennung oder bei der Wohnungssuche. Und ja, diese falsch programmierten Algorithmen und schlecht trainierten Systeme bedürfen einer dringenden Verbesserung. Man kann sie nicht damit entschuldigen, dass das halt Kinderkrankheiten der KI seien. Deshalb ist es gut, dass es Autoren, Journalisten und vor allem auch Informatiker und Experten wie den Chaos Computer Club gibt, die immer wieder den Finger oder gleich die ganze Faust in diese offenen Wunden legen.

Wenn all das aber dazu führen sollte, KI als Teufelszeug abzulehnen, ginge der Schuss nach hinten los. Denn die verschiedensten Einsatzgebiete der KI-Systeme in unserer modernen Informationsgesellschaft sind mittlerweile derart komplex, kompliziert und in unsere digitalen Realität integriert, dass ein Verzicht auf KI-Systeme kaum noch machbar ist. Zu große Datenmengen, mit denen wir verbunden sind, müssen im Alltag verarbeitet werden. Und sollte man stattdessen ausschließlich auf menschliche Arbeitskräfte vertrauen, die es in der erforderlichen Menge und zu vergleichbaren Kosten ja überhaupt nicht gibt, dann hätten wir in der Folge mit menschlichen und allzumenschlichen Fehlerquellen zu kämpfen. Denn auch Arbeit, die von Menschen geleistet wird, ist meist nicht perfekt. Es gibt also kein Zurück mehr, sondern nur ein Durchstarten nach vorne – mit der großen Notwendigkeit, KI-Systeme robuster, zuverlässiger und ethischer zu machen.

Das heißt aber nicht, dass sie sich nicht dennoch missbrauchen ließen. Bereits heute nutzen Kriminelle die Möglichkeiten der KI: Das beginnt bei Deep Fakes, also Fälschungen von Fotos, Audios und Videos, z. B. in betrügerischer Absicht. Da werden etwa durch *Face Swapping* Personen in Bildern und Videos andere Gesichter aufgesetzt, oft im Kontext von Pornografie.

So hat 2023 in Spanien eine Gruppe von vermutlich zehn Jungen mit einer speziellen KI-App Fotos von Mitschülerinnen derart manipuliert, dass diese »entkleidet« wurden. Es kursierten künstliche Nacktfotos von mindestens 22 Mädchen im Alter von elf bis siebzehn Jahren. Die verwendete Software findet sich zwar nicht in den App-Stores von Android und iOS, sie ist aber leicht zu finden und muss lediglich manuell installiert werden. Mindestens eines der Mädchen war wohl erpresst worden: »Entweder du zahlst, oder wir veröffentlichen diese Bilder von dir.«[31] Weltweite Empörung gab es Anfang 2024 auch nach der Veröffentlichung von Nacktbildern von Taylor Swift, die mit Deep-Fake-Technologien erzeugt und dann auf X (ehemals Twitter) und 4chan gepostet wurden. Die Bilder verbreiteten sich millionenfach, bevor die entsprechenden Konten gesperrt wurden. Dieser Vorfall führte zu der Forderung an Social-Media-Firmen, ihre Inhalte besser zu kontrollieren. Die Verhinderung von Deep Fakes ist nun eine der zentralen Herausforderungen unserer Zeit.

An diesem Thema setzen auch die beiden Künstler Mathias Vef und Benedikt Groß an. Unter dem Namen Nuca entwickelten sie eine spezielle KI-Kamera, die sie allerdings nicht verkaufen. Fotografieren sie mit dieser einen Menschen, wird automatisch ein Nacktbild von ihm erzeugt. Nuca analysiert 45 Personenmerkmale und generiert daraus den »passenden« künstlichen Körper inklusive der Geschlechtsmerkmale (die nur für diese Abbildungen im Buch von den Künstlern verpixelt wurden). Die beiden Erfinder definieren ihre Kamera als seriöses Kunstprojekt. Sie arbeiten gerade an einer Ausstellung und wollen damit die Diskussion über Deep Fakes und die rasante Entwicklung der KI vorantreiben.[32]

Mit ihrer im 3D-Drucker generierten Kamera thematisieren die deutschen Künstler Benedikt Groß und Mathias Vef das Thema Deep Fakes

Um KI für Deep Fakes und ähnliche missbräuchliche Zwecke zu verwenden, bedarf es oft nicht einmal spezieller Programme. Auch KI, die von ihren Anbietern trainiert wurde, möglichst korrekt und ethisch zu sein, kann durch sogenannte *Jailbreaking*-Anwendungen von Hackern oder Technikenthusiasten manipuliert werden. So schaffen sie es, blockierte Funktionen freizuschalten und dadurch Inhalte zu bekommen, die gegen Richtlinien, Ethik und Gesetze verstoßen.

Dabei sind nicht nur Bildveränderungen mit KI ein Kinderspiel. Auch Apps, mit denen Stimmen manipuliert werden können, stehen bei Kriminellen hoch im Kurs. Beim *Voice Swapping* wird mittels KI ein Text mit der Stimme einer anderen Person generiert. Er wird ihr sozusagen ohne ihr Einverständnis einfach in den Mund gelegt. Auf diese Weise haben Kriminelle in Großbritannien den Boss einer Energiefirma überredet, umgerechnet 220 000 Euro auf ein ungarisches Bankkonto zu überweisen. Er glaubte, es mit der Stimme des CEOs der deutschen Holdinggesellschaft seines Unternehmens zu tun zu haben. Doch es handelte sich um einen *Voice Fake* – mit perfektem deutschen Akzent.[33]

Solche Methoden werden nicht nur für Betrug eingesetzt, sondern auch zur politischen Destabilisierung. So tauchte Anfang 2022 in den sozialen Medien ein Fake-Video auf, in dem Wolodymyr Selenskyj die ukrainischen Soldaten aufrief, die Waffen niederzulegen. Ursprünglich war das Fake-Video auf einer gehackten ukrainischen Nachrichtenseite gepostet worden, von wo es sich rasch weltweit verbreitete. Bereits kurz zuvor hatte die ukrainische Regierung davor gewarnt, dass Wladimir Putin Deep-Fake-Technologien einsetzen würde: »Sein Ziel ist es, die Bürger zu verwirren, Panik zu verbreiten und unsere Truppen zum Rückzug zu bewegen«, schrieb die Regierungsbehörde.[34]

Um Fake-Bildern und -Videos entgegenzuwirken, haben sich etwa die Kamerahersteller Nikon, Sony und Canon darauf geeinigt, den Aufnahmen jeweils für die Augen unsichtbare digitale Wasserzeichen einzuprägen. Das soll den Nachweis ermöglichen, dass Bilder und Videos von Originalschauplätzen stammen und nicht nachträglich verfälscht wurden. Denn auf einschlägigen Plattformen und mit entsprechenden Programmen ist es so einfach wie noch nie, Deep Fakes zu erzeugen. Bereits 2021 schrieb der renommierte Journalist Geoffrey A. Fowler in der *Washington Post*: »Smartphone-Apps machen das Erzeugen von Deep Fakes schockierend einfach.«[35] Das Argument: »Ich habe es im Internet mit eigenen Augen gesehen«, gilt heute also längst nicht mehr.

Gerade im globalen Superwahljahr 2024 wird es zu einer Fülle von betrügerischen Deep-Fake-Videos kommen. Doch die großen Tech-Unternehmen arbeiten daran, dass zumindest ihre KI dafür nicht zur Verfügung steht. Ein Beispiel, das ich selbst erlebt habe: Aus Interesse am möglichen Ergebnis habe ich ChatGPT bzw. das integrierte Bildgenerierungsprogramm DALL-E gebeten, ein Bild von Putin zu erstellen. Es sollte ihn zeigen, wie er von sich ein Selfie macht, während im Hintergrund ein Krieg tobt. Auf meinen Prompt hin bekam ich folgende ablehnende Meldung, jedoch mit Alternativvorschlag:

> »Ich kann Ihnen dabei helfen, eine generische Szene zu erstellen, die eine Figur beinhaltet, die einer öffentlichen Person in einem historischen oder fiktiven Umfeld ähnelt, wobei ich sicherstelle, dass das Ergebnis fantasievoll ist

und keine realen Personen oder Ereignisse darstellt. Lassen Sie uns Ihre Anfrage entsprechend anpassen: Aufforderung zur Bilderzeugung: Stellen Sie sich eine Szene aus einem fiktiven Film vor, in der eine Figur, die einem hochrangigen Beamten in einer modernen Militäruniform ähnelt, ein Selfie mit einem Smartphone macht. Diese Figur, die keine direkte Ähnlichkeit mit einer realen Person hat, steht selbstbewusst im Vordergrund. Hinter ihm entfaltet sich eine intensive und dramatisierte fiktive Schlacht …«

Und so sieht das Ergebnis aus. Es zeigt zwar nicht Putin direkt, illustriert aber stellvertretend die absurde narzisstische Selbstverliebtheit von Diktatoren und Kriegshetzern. Hier kommt wieder die Stärke der Bildgenerierung von KI ans Tageslicht, die ich durchaus schätze: nicht Fakes zu erzeugen – sondern Motive, die ich im Kopf habe, die ich aber mit der Kamera niemals ablichten könnte, trotzdem auf den Screen zu bekommen.

Aber wie sieht es mit der Originalität von derartigem Content aus? Wie mit dem Schutz von geistigem Eigentum? Wie erkenne ich, ob ein Text mit guter traditioneller Kopf- und Fingerarbeit noch selbst geschrieben wurde (wie dieses Buch hier) oder ob eine KI den Text erzeugt hat? Auch hierfür gibt es KI-Programme. So kann z. B. Copyleaks dabei helfen, Texte zu analysieren, Sprachmuster zu erkennen und zu enttarnen, falls sie durch KI generiert wurden.

Das ist natürlich nun ein Katz-und-Maus-Spiel zwischen KI, die beim Erstellen von Texten hilft und solcher, die diese wiederum enttarnt. Deshalb sollte sich niemand allzu sicher fühlen. Denn nur, weil ein Betrug heute noch nicht enttarnt werden kann, bedeutet das nicht, dass nicht morgen schon entsprechend stärkere Tools existieren, die nachhaltig die Tricks der Betrüger entlarven. Es sollte also niemand ruhig schlafen, der einen Text als seinen eigenen deklariert, obwohl er von KI geschrieben worden ist.

Das bringt uns noch zum Thema Copyrightverletzung. Denn die finden auch auf der anderen Seite statt, also nicht nur bei der Nutzung von KI-generierten Texten, sondern bereits beim Training der KI selbst. Denn um diese zu optimieren, werden vielfach Artikel, Bücher und sonstige Texte ohne Zustimmung der Autoren herangezogen.

Und das spiegelt sich wiederum in den Ergebnissen, wie Analysen mit sogenannten Copyright Catchers wie z. B. patronus.ai zeigen. Die Plattform behauptet, dass sie in KI-basierten Texten eine alarmierend hohe Zahl von Copyrightverletzungen ausgemacht habe. Durch ihre Tests seien bei erstaunlichen 44 Prozent der Antworten von ChatGPT-4 Copyrightverletzungen entdeckt worden, bei 22 Prozent von der in Paris beheimateten KI-Firma Mistral, bei 10 Prozent von Metas Llama-2 und bei 8 Prozent von Anthropics Chatbot namens Claude-2. Soll heißen: Diese Sprachmodelle wurden, ohne die Quellen zu zitieren, mit Inhalten gefüttert, die teils, so wird vermutet, aus sogenannten Schattenbibliotheken gezogen wurden, die mit Millionen von Büchern gefüttert wurden, oder auch aus Bereichen, die bei Medienanbietern hinter Paywalls liegen und eigentlich nur durch Bezahlung zugänglich sind.

Aber auch bildende Künstler haben ihre liebe Not mit KI-Bildgenerierungsprogrammen, die in der Lage sind, auf einen entsprechenden Prompt hin neue Bilder im Stil etwa eines Vincent van Gogh zu erzeugen. Gut, der 1890 verstorbene post-impressionistische Maler kann nichts mehr dagegen unternehmen. Lebende Künstler wie Greg Rutkowski oder Karla Ortiz, deren charakteristischer fantasyhafter Stil heftig durch KI repliziert wird, wehren sich dagegen und fordern Maßnahmen. Hier prallen vielfältige ethische, juristische und kunsttheoretische Fragestellungen aufeinander. Ist ein Stil als solcher urheberrechtlich schützenswert? Handelt es sich bei solcherart KI-generierter Bilder um Plagiate – auch wenn sie eben nur die Anmutung und kein konkretes Bild imitieren? Darf KI mit frei zirkulierenden Werken trainiert werden, so wie ein anderer Künstler sich von diesen inspirieren lassen kann?

In der Industrie gibt es bereits Reaktionen. So hat Adobe die Kritik aufgegriffen und nutzt zum Training seines Bildgenerators Firefly nach eigenen Angaben nur lizensierte Bilder. Darüber hinaus setzt der Software-Gigant sich für einen »FAIR Act« und eine Gesetzgebung ein, die Künstler vor wirtschaftlicher Schädigung schützen.[36]

Schließlich noch ein Thema, das nicht unter den Tisch fallen darf auf unserem Beipackzettel: der deutlich erhöhte Energieverbrauch von Rechenzentren. Denn es macht einen enormen Unterschied, ob ich z. B. bei Google oder Wikipedia nach einer Information suche oder ob ich eine KI für mich Antworten erzeugen lasse. Fakt ist: Das Generieren von Texten und besonders von Bildern und Videos durch KI braucht eine große Rechenpower und dementsprechend viel Strom. Deshalb planen die Betreiber großer Serverfarmen ganz Enormes: Amazon etwa, das mit AWS (Amazon Web Services) einer der führenden Cloud-Computing-Anbieter ist, hat bekannt gegeben, in den nächsten fünfzehn Jahren insgesamt den unglaublichen Betrag von rund 150 Milliarden US-Dollar in den Aufbau neuer Serverfarmen investieren zu wollen.[37] Wohlgemerkt: Dieses Investment macht Amazon, um das Rennen nicht gegen Rivalen wie Microsoft und Google zu verlieren. Deren Investitionen und Rechenkapazitäten dürften sich in ähnlichen Dimensionen bewegen.

Zum Energieverbrauch schweigen sich die Anbieter weitgehend aus. Sie behaupten zwar, auch in erneuerbare Energien zu investieren und diese zu nutzen, doch die *Süddeutsche Zeitung* kommt zu dem Schluss: »Der Energieverbrauch von ChatGPT und anderen intelligenten Bots steigt immer weiter, das lassen neue Berechnungen vermuten.«[38] Dabei wurde durchkalkuliert, wie viel die ca. 1 Milliarde Anfragen bei ChatGPT im Februar 2023 an Strom verbraucht hat: Etwa 581 Gigawattstunden, was wiederum 244 000 Tonnen CO_2 entspricht. Umgerechnet bedeutet dies, dass der Stromverbrauch von ChatGPT in einem Monat etwa so hoch war wie der durchschnittliche Stromverbrauch von 2,78 Millionen (!) deutschen Haushalten. (Diese Rechnung habe ich übrigens mit ChatGPT-4 ausführen lassen, ich Pharisäer. Dabei erhielt ich bei jedem Schritt eine exakte Erklärung der Rechnung. Sie sieht plausibel aus und nimmt einen durchschnittlichen Monatsverbrauch pro Haushalt von 208 Kilowattstunden an. Sie könnte aber auch halluziniert sein.)

Auch die engagierte KI-Expertin der *Neuen Zürcher Zeitung*, Ruth Fulterer, mit der ich übrigens kürzlich auf dem Panel einer KI-Diskussion saß, beschäftigt sich mit dem Stromverbrauch von KI. Sie fragt: »Wie klimaschädlich ist künstliche Intelligenz wirklich?«[39] Insgesamt ist die Informations- und Kommunikationstechnik wohl für 2–4 Prozent der globalen Treibhausemissionen verantwortlich, was etwa dem weltweiten Flugverkehr entspricht. Und auch ihr Kollege Thomas Brandstetter geht dem Thema nach. Wobei sich die KI-Anbieter zu dieser Frage recht zugeknöpft geben. Er kommt zum Ergebnis: »Chat-GPT fragen könnte 30 Mal so viel Strom brauchen wie googeln. Das ist ein Problem für das Klima.«[40]

In Summe halte ich fest: Klar ist KI nicht das Mittel, das alle unsere Probleme beseitigt, und sie kommt mit einer Reihe von Nebenwirkungen. Diese müssen in Angriff genommen und gelöst werden. Punkt. Nur wenn wir das geschafft haben, wenn KI also Teil der Lösung und nicht Teil des Problems ist, darf sie sich auch wirklich »intelligent« nennen.

In diesem Kontext ist mir noch ein Aspekt wichtig, der mit auf den Beipackzettel gehört. Wir sprechen von DER Künstlichen Intelligenz, im Singular. Das gaukelt uns vor, es gäbe die eine einzige große, allwissende Künstliche Intelligenz. Dem ist aber nicht so. Ganz im Gegenteil. Nicht nur, dass es Hunderte, ja Tausende verschiedenste Anbieter gibt, deren Services auf unterschiedlichen Modellen beruhen. Was mir noch wichtiger erscheint: Jede dieser KI steht immer in Wechselwirkung mit ihrem Nutzer. Soll heißen: Jeder und jede Fragende wird eine intelligente (oder zumindest: intelligent klingende) Antwort bekommen. Da diese aber stark davon abhängen, wie die Prompts gestaltet sind, werden diese Antworten tendenziell immer auch durch den Nutzer geprägt, egal ob dieser konservativ oder progressiv eingestellt ist, ob rechts- oder linksradikal, ob er Kapitalist, Kommunist oder Anarchist ist. Und das kann dazu führen, dass dieser in seiner Meinung mit Fakten und »Intelligenz« bestärkt wird. Daraus resultiert dann aber auch eine Verfestigung der eigenen Vorurteile und Halbbildung. Es werden sich also im öffentlichen Diskurs, sofern dieser zwischen den Wagenburgen der verschiedenen Weltanschauungen überhaupt noch geführt wird, die Fronten noch weiter verhärten. Und Ideologien und Verschwörungstheoretiker werden durch Künstliche Intelligenz weiteres, nie versiegendes Material bekommen, mit dem sich selbst die fragwürdigsten Thesen noch unterfüttern lassen. Bleibt nur zu hoffen, dass aus diesem intellektuellen Beistand für paranoide Verschwörungstheoretiker letztlich nicht noch aggressivere Verschwörungspraktiker und Desinformationsverbreiter hervorgehen, die sich auf die allwissende KI berufen.

Es ist also zu befürchten, dass dieser Negativtrend, den bereits die sozialen Medien mit ihrer Tendenz zur Bubble-Bildung eingeläutet haben, durch KI noch verstärkt wird. Möge uns eine solche Künstliche Vertrottelung der Gesellschaft erspart bleiben! Und möge mir nie jemand mit der Behauptung als Argument kommen: »Die große künstliche, allwissende Intelligenz hat es mir gesagt.« Deshalb: Bitte immer die genauen Quellen angeben und nicht jeden Humbug als Wissenschaft bezeichnen, nur weil die KI ihn generiert hat.

Trotzdem: Wo Gefahr ist, wächst das Rettende auch. Ich vertraue darauf, dass unsere Gesellschaft mit ihren vielen hochgebildeten Individuen letztlich immer wieder die Kraft für Lösungen findet. Ich will nicht einstimmen in den Chor der Weltuntergangspropheten. Ich hoffe auf einen Welt-Aufgang. Ich will und kann nicht glauben, dass das Projekt Menschheit ein Irrläufer der Geschichte ist.

Ich bin kein Pessimist. Ich glaube an die rAIvolution der »AI for Good«. Denn ich kenne so unglaublich viele »AIctivisten«, die KI für das Gute einsetzen. Allein im Neural Network der Vereinten Nationen, das von der Initiative namens AI for Good gestartet wurde, sind wir jetzt bereits mehr als 25 000 (!) Mitglieder, die sich für die positive Nutzung von KI engagieren. Weisheit mag immer wieder mal von Dummheit überwuchert werden. Doch am Ende, selbst wenn wir etwas darauf warten müssen, setzt sich die Vernunft durch, wie die erste Blume in der Wiese, sobald der Schnee geschmolzen ist.

Was kann dem Leben dienen? Interview mit Prof. Dr. Christoph Stückelberger

Christoph Stückelberger ist emeritierter Professor für Systematische Theologie und Ethik an der Universität Basel und gilt als einer der führenden KI-Ethiker unserer Zeit. Er ist u. a. Gründer und Präsident der Stiftung Globethics.net, hat viele Konferenzen zu KI-Ethik organisiert und eine lange Reihe von Artikeln und Büchern zum Thema geschrieben und herausgegeben.

Wir treffen uns zum Interview in Genf. In seinem Büro sitzen wir an einem Tisch, dessen Platte aus einem versteinerten Baum besteht, der rund 250 Millionen Jahr alt ist. Dieser Zeithorizont gibt unserem Gespräch einen ganz besonderen Kontext. Was wird von unserer KI-Epoche übrig bleiben?

Christoph Santner:
Warum interessiert Sie dieses Thema so sehr, Ethik und Technologie zu verbinden in Form von *Applied Ethics*, also angewandter Ethik, wie Sie es nennen?

Prof. Dr. Christoph Stückelberger:
Ich mache das aus dem Bewusstsein heraus, dass Technologie ein entscheidendes Hilfsmittel für den Menschen ist – im Guten wie im Bösen. Und diese Ambivalenz von Technologie gibt es, seit es Menschen gibt. Das Motiv ist eigentlich immer: Wie kann Technologie dem Menschen dienen und nicht: Wie kann oder muss der Mensch der Technologie dienen? Es ist eine klare Prioritätenordnung: *Human first*.

Technologie ist ein unheimlich gutes Instrument, aber eben auch ein unheimlich unbekanntes, wenn es um neue Technologien geht. Und daher kommen dann die großen Befürchtungen und Ängste, wie sie jetzt im Moment um KI entstehen.

CS:
Ja, jede neue Technologie ist so eine *terra incognita*. Wir wissen nicht, wo sie uns hinführt.

CSt:
Das Komplizierte ist ja, dass das immer vermischt ist. Also eine Drohne kann benutzt werden, um Saatgut zu kontrollieren und in der Sahelzone Bewässerungssysteme zu regulieren – die gleiche Drohne kann aber auch eine Bombe abwerfen. Und deshalb sind das Gute und das Negative

immer – ich sage es jetzt etwas grob – so verdammt fest verbunden.

Wir können nicht einfach sagen: Das ist nur gut oder nur schlecht. Es kommt immer auf den Benutzer an und den Ort des Einsatzes. Und deshalb ist es nötig, mit den Entwicklern zu sprechen: Wo sind denn eigentlich deine Ziele als Entwickler, als Forscher, als Researcher, als Technologie-Implementor, als Investor? Was willst du mit den Investitionen erreichen? Ist es einfach eine Gewinnmaximierung? Du investierst dort in KI, wo der höchste Gewinn liegt – oder wo der höchste Nutzen für die Menschheit oder für bestimmte benachteiligte Menschengruppen ist? Es ist eine ethische Entscheidung, die jeder und jede in diesem Bereich fällen muss. Jede Technologie ist so ethisch oder so unethisch, wie die Entwickler und Anwender es sind.

CS:
Was heißt das nun konkret?

CSt:
Wir müssen viel mehr über den Menschen nachdenken und nicht nur über die Technologie. Wer sind wir als Menschen? Was wollen wir als Menschen? Deshalb sage ich auch in meinen Artikeln und Büchern immer »human-centered technology«. Das heißt: Was kann dem Leben dienen und was behindert das Leben? Und deshalb erwarte ich, dass wir viel stärker diesen anthropologischen Dialog führen. Und nicht nur: Welche Technologie bringt uns schneller vorwärts?

Und noch ein Element, das jetzt mit KI sehr stark in den Vordergrund kommt: Das ist der Zeitfaktor. Die Beschleunigung ist so umwerfend, wie wir das nie erwartet hätten. KI wird nach einem Jahr schon in aller Welt munter auf allen Devices gebraucht– in einem Jahr! Früher hätte es für eine solche Entwicklung zehn Jahre gebraucht. Und das wird sich weiter beschleunigen. Und jetzt ist die Frage: Wir als *human beings*, die einen Rhythmus haben von fünfzig, achtzig Jahren Lebensdauer; eine Erziehung brauchen, die man zwar beschleunigen kann, aber nicht beliebig; wir brauchen für die mentale, für unsere neuronale Entwicklung des Hirns, für unsere emotionale Entwicklung, für unsere soziale und ethische Entwicklung immer Zeit. Und wenn jetzt diese Zeit nicht mehr besteht, dann ist natürlich die große Frage: Führt das nicht zu großen Disruptionen, also Verwerfungen, psychischen Krankheiten, Desorientierung, die dann auch zu Fehlhandlungen führen können, zu Kurzschlusshandlungen, sei es nun Selbstmord oder eben Bomben auf andere abwerfen, weil das doch die Feinde sind, die mich so stören mit ihrer Entwicklung?

Also da sehe ich die großen Herausforderungen. Deshalb kann auch Technologieentwicklung nie ohne gesellschaftliche Entwicklung geschehen. Das habe ich schon seit Jahrzehnten in meinen Büchern geschrieben: Die Technologieentwicklung sollte verlangsamt werden und die menschliche Anpassungsfähigkeit beschleunigt werden. Und das ist jetzt das Dilemma. So wie andere Dinge zu psychischen Langzeitschäden führen können, wie jetzt Long Covid gezeigt hat, so kann KI zu Langzeit-Disruptionen führen.

CS:
Und was heißt das alles global gesehen?

CST:
Ja, da sind dann die politischen Verwerfungen, nicht nur der Konkurrenzkampf China – USA: Das ist ja letztlich ein Technologiekampf. Der politische Kampf ist letztlich technologiegetrieben. Also wie können wir politisch damit umgehen, dass das nicht jetzt zu neuen Kriegen führt?

Jetzt tönt das alles sehr negativ. Aber ich sage das vor dem Hintergrund, dass ich sehr große Chancen sehe für die Entwicklungen, auch mit KI. Wir werden neue Sachen entdecken, wir werden neue Lösungen finden, die kostengünstiger sind, die schon sichtbar werden. Wir werden neue umweltschützende Mechanismen entwickeln usw. Unter einer Voraussetzung: dass wir uns unserer selbst bewusst bleiben. *The human must remain in the driver's seat.* Das heißt, der Mensch muss Verantwortung übernehmen und weiter im Pilotensitz oder Fahrersitz sein. Das fahrerlose Auto oder der fahrerlose Shuttle-Zug im Flughafen zum Terminal sind immer und ständig kontrolliert von Menschen, und am Ein- und Ausgang des Shuttle stehen Menschen, falls etwas schiefgeht.

Mit dieser menschlichen, nicht delegierbaren Verantwortung gibt es sehr viele Möglichkeiten von KI für eine menschengerechte und ökologisch nachhaltige Zukunft.

Dies ist eine gekürzte Fassung des Gesprächs. Die Langfassung findest du auf unserer Website www.allesKI.com zum Nachlesen.

KI in der Arbeitswelt: Macht sie einen guten Job?

Allen Bedenken zum Trotz: Wer nicht spätestens jetzt beginnt, KI im Arbeitsumfeld einzusetzen, der wird über kurz und erst recht über lang den Kürzeren ziehen und in Timing, Qualität und Preisgestaltung nicht mehr mit der Konkurrenz mithalten können. Klar gibt es bei der Einführung von KI ins Unternehmen eine ganze Reihe von Herausforderungen. Und ich kenne mehrere Firmen, die sich vor diesem Thema scheuen wie der Teufel vor dem Weihwasser. Das liegt unter anderem daran, dass es viel zu wenig kompetente Partner oder Consultants für so einen Prozess gibt. Oft liegt es aber auch an den Firmenchefs, die nicht selten schon ältere Semester und digital nicht so fit sind. Außerdem schreibt ja die Presse so viel darüber, wie gefährlich KI sei, wie sie Jobs vernichten wird usw. Da will man sich so ein Thema natürlich nicht unbedingt ins Haus holen.

Auf diese Probleme, auf Angst und Unsicherheit stoße ich oft, wenn ich einen ersten AI-Thinktank für ein Unternehmen organisiere, einen »hAIckathon« (Hackathon mit AI), an dem wir an ein bis zwei Tagen in Windeseile neue Projekte oder firmeninterne Start-ups entwickeln, oder wenn ich eine AI-Taskforce aufbaue, die dieses Thema in alle Unternehmensbereiche trägt.

Ich selbst diskutiere immer wieder mit Führungskräften über diese Themen, etwa bei Veranstaltungen des International Bankers Forum, in dessen Fachausschuss KI ich die Co-Leitung mache. Oder bei der großen DigiSustain-Konferenz im Kap Europa in Frankfurt, wo wir siebzehn Stages parallel bespielen. Dort bin ich verantwortlich für die KI-Stage und bin deshalb im intensiven Austausch mit Experten und Expertinnen über die Frage, wie uns KI digital voranbringt und uns zu mehr *Sustainability,* zu mehr Nachhaltigkeit, verhilft.

Ich staune immer wieder, dass zwar KI als zentrales Thema erkannt wird, aber kaum jemand aus dieser Erkenntnis klare Konsequenzen zieht. Den Satz: »Da kümmert sich bei uns die IT drum«, habe ich mehr als einmal gehört. Doch wenn es wirklich nur eine Frage der Informationstechniker sein sollte, dann ist die zentrale Wichtigkeit von KI nicht erkannt.

Denn: Bereits 2023 hatten 92 Prozent der US-amerikanischen Fortune-500-Unternehmen begonnen, KI in ihre Firmen einzuführen. Deshalb ist meine Prognose: Wer als Unternehmen nicht spätestens im Jahr 2024 mit der Ausarbeitung und Umsetzung einer KI-Strategie beginnt, den wird es Ende dieses Jahrzehnts nicht mehr geben. Ganz einfach, weil ihn die Konkurrenz, die sich gerade mit KI boostert, in kürzester Zeit gnadenlos überholen wird. Und vielleicht kommt diese Konkurrenz dann aus China, aus Indonesien oder Vietnam, wo längst schon mit KI gearbeitet wird.

Unternehmen, die beim Thema Künstliche Intelligenz heute nicht proaktiv mitspielen, haben bei der rasenden Entwicklung in diesem Bereich schnell verspielt. Da wette ich drauf. Deshalb ist KI Chefsache. Punkt. Welcher Chef dies heute nicht begreift, der wird morgen kein Chef mehr sein. *That's the brutal truth.*

Nun ist nicht jeder ein Universalgenie. Wer also keine Ahnung vom Thema KI hat, sollte sich nicht scheuen, externe Hilfe anzuheuern, um entsprechende Prozesse in seinem Unternehmen zu verankern. Schließlich macht es die Konkurrenz genauso.

Einer meiner innovationsfreudigsten Freunde ist der Belgier Oswald Schröder. Er war lange Jahre Kommunikationsdirektor des Europäischen Patentamtes in München. Als dieser hat er u. a. den European Inventor Award initiiert, mit dem jährlich die besten Erfinder der Kontinents ausgezeichnet werden. Heute führt er das Benelux-Geschäft des Münchner Unternehmens Machines Like Me, das KI-Lösungen anbietet, um Unternehmen in Teilen zu automatisieren, besonders bei Routineaufgaben und in der Verwaltung. Da gibt es dann z. B. einen Arbeitsplatz mit Computer, an dem aber kein Mensch sitzt, sondern wo sich Texte, E-Mails, Tabellen wie von selbst am Bildschirm schreiben, speichern und versenden. Mitarbeiter, die bisher diese Arbeit händisch machen mussten, werden in vielen Fällen intern umgeschult und sorgen für neues Wachstum, das wegen Personalmangels bislang gar nicht realisiert werden konnte. Firmen wie diese haben derzeit alle Hände voll zu tun. Machines Like Me ist 2024 nicht einmal ein Jahr alt und beschäftigt bereits mehr als sechzig Mitarbeiter. Es gibt also nicht nur die großen amerikanischen Firmen wie Microsoft & Co., die Unternehmenslösungen anbieten, sondern auch heimische Gewächse. Durch KI entstehen auch hierzulande neue Arbeitsplätze; Produktion wird ausgeweitet; Kosten werden gesenkt. Und die europäische Wirtschaft wird robuster gegen Wettbewerber hauptsächlich aus Ostasien, die schon längst KI integriert haben.

Um diese Hilfe in Anspruch zu nehmen, muss man natürlich bereit sein, sich helfen zu lassen – und die entsprechenden Investitionen zu tragen. Wer das nicht tut, wird bald von der Bildfläche verschwunden sein. Denn gerade in der KI-Evolution unserer Tage gilt *survival of the fittest*. Und das bedeutet eben auch, dass der eine oder andere veränderungsresistente Dinosaurier aussterben wird. »Kreative Zerstörung« nannte das bereits vor über achtzig Jahren der österreichische Ökonom Joseph Schumpeter. Er hätte durch die KI-Intervention in unsere Wirtschaft hinein seine These aufs Beste bestätigt gefunden.

Wie groß diese Disruption diesmal über die Bühne gehen mag? Und vor allem: Wie schnell? Meine Prognose: Die bisherigen Quantensprünge, die aus technischen Innovationen resultierten, dann aber zu massiven wirtschaftlichen und gesellschaftlichen Transformationen führten, liefen glimpflicher und vor allem langsamer ab, als es bei der Umgestaltung der Welt mit KI der Fall sein wird. Um darin zu bestehen, braucht jedes Unternehmen eine klare KI-Strategie. Diese sollte fünf zentrale Bereiche umfassen:

- Das **Mind-Set** des Unternehmens, also wie die Mitarbeiter und auch Kunden darüber denken.
- Das **Skill-Set**, also die Frage, wie trainiere ich die Mitarbeiter im Umgang mit KI, wie entwickle ich deren KI-Fähigkeiten?
- Das **Tool-Set**: Welche neuen Geräte und KI-Programme gilt es für die Mitarbeiter zu installieren?
- Das **Do-Set**: Was mache ich nun ganz konkret mit KI – und was nicht? Wie schaut die Timeline aus? Das Budget dafür? Die rechtlichen Rahmenbedingungen? Die Auswirkungen im Personalbereich? Welche neuen Stellen gilt es womög-

lich zu schaffen? Und welche Mitarbeiter können innerhalb des Unternehmens in neue Positionen hinein umgeschult werden? Wie können Produktion sowie Forschung & Entwicklung mit KI optimiert werden?
- Und schlussendlich – und diese Dimension stelle ich bewusst an den letzten Platz dieser Aufzählung – das **IT-Set**: wie werden die neuen KI-Systeme in die bestehende IT integriert, damit sie sich möglichst reibungsfrei in die laufende IT-Transformation einbinden lassen?

Allzu oft wird KI als eine primär technische Herausforderung gesehen. Klar ist dies ein wichtiges Thema, aber nicht das größte. Die gewaltigste Aufgabe ist die mutige Entwicklung einer gesamten KI-Strategie, für die alle internen und externen Player an den Tisch geholt werden müssen. Und oft ist der Praktikant oder Werkstudent fitter in diesem Thema als die altgedienten Unternehmensrecken, die vor erforderlichen Transformationen zurückschrecken. Aber gerade hier gilt das wahre Diktum aus der Boxersprache: *Do – or die*.

Was ist die KI-Strategie in deiner Firma und in deiner Abteilung? Das ist die zentrale Frage – nicht nur für Führungskräfte. Denn jeder Mitarbeiter sollte im Jahr 2024 eine Antwort darauf haben, egal in welchem Bereich er oder sie tätig ist. Und auch Selbstständige sollten sich schnell Klarheit verschaffen. Denn KI verändert alles. Stärker noch, als E-Mail, Internet, Smartphone oder E-Commerce die Unternehmenswelt transformiert haben. Schreibt heute noch irgendjemand auf der Schreibmaschine? Und verwendet keine E-Mail, sondern schickt alles per Post? Unvorstellbar. KI und Roboter, die Körper der KI, werden noch größere Umwälzungen generieren. Wohlgemerkt: Ich möchte hier keine Ängste schüren, denn Angst und Furcht sind schlechte Ratgeber. Ich möchte aber, dass wir alle vorbereitet sind und zumindest schon mal Szenarien durchspielen. Wer weiß: Vielleicht bekommt der eine oder andere von uns noch in diesem Jahrzehnt eine KI, einen Roboter oder einen Avatar zum Boss. Science-Fiction? Nicht ganz. Der Multimilliardär Jack Ma, Gründer der E-Commerce-Plattform Alibaba und von Alipay, sagte bereits 2017: »In 30 Jahren wird vermutlich ein Roboter auf dem Cover des *Time Magazine* zu sehen sein als bester CEO.[41]« Und im August 2022 ernannte das an der Hongkonger Börse notierte Gaming-Unternehmen Netdragon Websoft eine KI namens Tang Yu zur CEO seiner Tochtergesellschaft Fujian Netdragon. Tang Yu ist für typische CEO-Aufgaben zuständig, also etwa dafür, Analysen anzustellen, Entscheidungen zu treffen, Risiken zu bewerten und die Arbeitseffizienz zu fördern. »Arbeitet 24 Stunden am Tag, 7 Tage die Woche und erhält ein Gehalt von 0 US-Dollar«, schreibt Gilmar Faria auf dem Newsportal *showmetech*.[42]

Wie gut diese Geschäftsführerin tatsächlich funktioniert, lässt sich aktuell nicht herausfinden. Vielleicht handelt es sich auch hauptsächlich um einen Marketing-Gag. Und natürlich gab es bei der Bekanntgabe dieser »Personalie« viele kritische Stimmen. Ich kann diese gut nachvollziehen. Trotzdem: Bei KI wird stets verlangt, sie soll fehlerfrei, vorurteilslos und möglichst perfekt sein. Diese Forderung ist okay. Aber wie viele menschliche Vorgesetzte sind dies?

Doch vielleicht gilt es auch, den entgegengesetzten Weg zu gehen: Stellen wir uns doch ein Unternehmen vor, das ganz genau umgekehrt funktioniert. Es ist also nicht wie heute, dass die eine oder andere KI Arbeitsprozesse erleichtert oder dass einige Industrieroboter in der Fertigung gewisse Arbeitsschritte übernehmen. Es ist in unserem Gedankenspiel umgekehrt: Die Regel sind Roboter und KI, und es braucht nur noch wenige Menschen, die Entscheidungen treffen oder Dinge erledigen, die zu komplex sind für intelligente Systeme.

Das ist keine allzu ferne Zukunftsvision. Denn diese intelligenten Anwendungen machen große und schnelle Fortschritte. So hat z. B. das Unternehmen Archetype AI kürzlich ein System namens Newton vorgestellt. Das ist eine KI, die in der physischen Welt arbeitet, z. B. in Fabriken, wo die Signale von Dutzenden oder Hunderten Sensoren gleichzeitig ausgewertet werden. »Understanding the Real World in Real Time«, ist der Slogan der Firma.

Gesteuert wird das Ganze über ein Large Language Model. Man kann also relativ einfach in natürlicher Sprache mit dem System interagieren. Es ist lernfähig und entwickelt mit der Zeit eine Wahrnehmung, die besser als die eines Menschen ist. Bald soll es auch in Robotern zur Anwendung kommen, die dadurch eine relativ menschenähnliche Betrachtungsweise der Welt bekämen und mit ihr besser interagieren könnten. Es geht hier also darum, *Real World Problems* zu verstehen und zu lösen. Firmen wie Infineon oder Volkswagen kooperieren bereits mit Archetype AI.

Das bedeutet, dass mehr und mehr Aufgaben von intelligenten Maschinen übernommen werden könnten. Es wird dann kostengünstiger gearbeitet. Produkte und Services werden dadurch billiger. Und der Mensch kann sich intelligenteren und kreativeren Aufgaben zuwenden, als dies heute in vielen Routinejobs möglich ist. Denke das geschilderte Szenarium ruhig weiter, ich tippe, dass es schneller wahr wird, als die meisten Menschen annehmen.

Denn bereits jetzt integriert sich KI schleichend und beständig in bereits bestehende Systeme. Microsoft hat längst den KI-Assistenten Copilot in die Office-Programme von Microsoft 365 integriert, also in Word, Excel, Powerpoint, Outlook und Teams. Viele der Funktionen, die früher selbst ausgeführt werden mussten, sind nun mit KI automatisiert. Und auch die mittlerweile zu Microsoft gehörende Suchmaschine Bing stützt sich auf die Copilot-Anwendung.

Die großen KI-Firmen bieten spezifische Unternehmenslösungen an. Bei OpenAI heißt dieses spezielle Produkt ChatGPT Enterprise. OpenAI behauptet, dass mittlerweile über 80 Prozent der US-amerikanischen Fortune-500-Unternehmen diese Lösung in ihre internen Prozesse integriert haben. Der Hauptgrund ist wohl die Kontrolle über die eigenen Geschäftsdaten, die in diesem Modell nicht für das Training der KI verwendet werden. Verschlüsselung und Datenschutz stehen an oberster Stelle. Und mit einem erweiterten Eingabefenster, das im Englischen etwa 24 000 Wörter zulässt, können Benutzer im Vergleich zum ChatGPT-4 Basismodell viermal so lange Texte und Prompts zur Bearbeitung eingeben. So können Teile der Kundenkommunikation und des Marketings ebenso automatisiert werden wie die interne Kommunikation.

In Summe zeigt sich eines ganz klar: Genauso wie heute weniger Menschen in der Produktion arbeiten als in der Vergangenheit, weil gleichbleibende Arbeitsschritte von Maschinen ausgeführt werden, können nun Routinearbeiten in den meisten Büros automatisiert werden. So stehen alle Unternehmen und Abteilungen vor der Herausforderung, eine klare KI-Strategie zu entwickeln und umzusetzen. Das ist das wichtigste Gebot der Stunde: den Fast-alles-Könner KI möglichst sanft zu integrieren.

Die digitale Kluft überwinden. Interview mit Frederic Werner

Frederic Werner ist Head of Strategic Engagement der UN-Organisation Internationale Fernmeldeunion (ITU) in Genf, die innerhalb der UNO das Thema KI offiziell verantwortet und in all ihren Unterorganisationen verankert. Als dieser hat er die Initiative »AI for Good« (KI für das Gute) mitinitiiert.

Ich traf den KI-Vordenker in Genf, wo die ITU zum Thema KI jährlich einen Global Summit mit rund 3000 Teilnehmenden aus der ganzen Welt veranstaltet. Disclaimer: Im Kontext dieser Veranstaltung 2024 moderiere ich ein Panel mit dem Thema »fAInance for Good«, das ich mitgestaltet habe. Und als spezielle Expertin habe ich einen humanoiden Roboter mit auf dem Panel.

Christoph Santner:
Warum ist das jährliche Zusammentreffen führender Köpfe der Künstlichen Intelligenz in Genf so wichtig für den weiteren Kurs, den das Thema KI nimmt?

Frederic Werner:
»AI for Good« wurde 2017 von der ITU gestartet, der Internationalen Fernmeldeunion der Vereinten Nationen. Wir sind die Organisation der UNO für die Informations- und Kommunikationstechnologien. Im Grunde haben wir jetzt weniger als zehn Jahre, um die offiziellen siebzehn Ziele für Nachhaltige Entwicklung der UNO voranzutreiben.

CS:
Diese 17 SDGs (Sustainable Development Goals) der UN sollen ja bis 2030 erreicht und gelöst sein.

FW:
Ja, und dafür, diese Ziele und Vorgaben voranzubringen, ist Künstliche Intelligenz absolut geeignet. Einige der vielversprechendsten Anwendungsfälle reichen von der Bekämpfung des Klimawandels über erschwingliche Gesundheitsfürsorge und Bildung für alle bis hin zum Durchsetzen von Geschlechtergerechtigkeit.

Aber es geht auch um Hightech-Lösungen wie Robotik, Gehirn-Maschinen-Interfaces oder autonomes Fahren.

Und gleichzeitig müssen wir uns über die unbeabsichtigten Folgen der KI im Klaren sein. Ganz oben auf der Agenda steht natürlich der Umgang mit dem Verlust von Arbeitsplätzen durch die Automatisierung. Wird KI uns die Arbeitsplätze wegnehmen?

Gleichzeitig entstehen neue Möglichkeiten, aber wir können nicht davon ausgehen, dass es ein reibungsloser Übergang sein wird. Wie können wir also diesen Übergang gestalten, damit er nicht zu holprig wird?

Und dann geht es natürlich auch um Ethik und die Programmierung von Maschinen, Systemen und Algorithmen, die in unserem Namen Entscheidungen treffen werden. Werden diese Entscheidungen in bester Absicht getroffen? Werden sie sicher sein? Werden sie unsere Privatsphäre respektieren? Werden sie nachhaltig sein? Das sind alles Dinge, über die wir bei »AI for Good« natürlich intensiv nachdenken.

CS:
Die Vereinten Nationen haben ja die gesamte Welt im Blick. Wenn Sie KI global ansehen – worauf gilt es zu achten?

FW:
Was für die UNO wahrscheinlich eine der wichtigsten Fragen ist: Werden wir die digitale Kluft noch weiter vertiefen oder könnte KI dazu genutzt werden, sie zu schließen? Man könnte argumentieren, dass die Entwicklungsländer am meisten von der KI profitieren könnten, aber wahrscheinlich auch am meisten zu verlieren haben, wenn wir nicht sorgfältig mit KI umgehen. Wir haben in der Vergangenheit einige Beispiele gesehen, wo etwa Ostafrika Generationen von Technologien übersprungen hat, um dann führend im mobilen Zahlungsverkehr zu werden.

CS:
Sie meinen zum Beispiel das Zahlungssystem M-Pesa, das dort die meisten Menschen auf dem Handy haben, um mobil zu bezahlen?

FW:
Genau; das geschah im Grunde aus der Not heraus. Es ist ja so: Daten sind das Öl der Zukunft. Aber um relevante Daten zu erhalten, braucht man eine Massendigitalisierung. Und um eine Massendigitalisierung zu erreichen, braucht man Internetverbindungen und grundlegende Dinge wie Strom und Infrastruktur, die viele Menschen bei uns als selbstverständlich ansehen. Aber im globalen Süden sind diese Dinge noch nicht selbstverständlich.

CS:
Sehen Sie in Ihrer Arbeit konkrete Erfolge durch die Anwendung von KI?

FW:
Wir konnten nachweisen, dass 80 Prozent der SDGs auf die eine oder andere Weise durch KI positiv beeinflusst werden.

Eines der schönsten Dinge an meinem Job ist, dass es keinen Mangel an positiven Anwendungsfällen gibt. Vor allem im Bereich der Gesundheitsfürsorge, zum Beispiel wie KI Menschen mit Behinderungen hilft, etwa zu lesen, zu schreiben, sich zu bewegen, zu hören, zu kommunizieren und in ihrem Leben Grundfunktionen wiederzuerlangen. Auch im Bereich der mobilen Gesundheit kann KI eingesetzt werden, um Hautkrebs oder Diabetes zu erkennen, indem man den Augapfel fotografiert. Oder um Bluthochdruck oder Herzkrankheiten vorherzusagen. Es gibt so viele Anwendungsfälle! Wir denken intensiv über KI nach, auch weil wir immer wieder darüber diskutieren, was »gut« ist.

CS:
Gute Frage – wann ist KI gut?

FW:
Sie und ich könnten wahrscheinlich zehn Minuten oder vielleicht zehn Tage damit verbringen, zu diskutieren und herauszufinden, was gut ist, ohne ein gemeinsames Verständnis zu erreichen. Aber die gute Nachricht ist, dass

wir nicht bei null anfangen müssen. Wir haben die Ziele für nachhaltige Entwicklung der Vereinten Nationen, die uns wirklich helfen, unsere Bemühungen, Diskussionen, Initiativen, Pilotprojekte und alle möglichen Dinge, die im KI-Bereich passieren, zu bündeln, um sicherzustellen, dass wir alle auf derselben Seite stehen und dass wir auf dasselbe Ziel hinarbeiten.

Darüber hinaus geht es aber auch darum, herauszufinden, wie wir diese positiven Anwendungsfälle für eine globale Wirkung skalieren können. Was vielleicht in Deutschland oder in Kalifornien oder in Hongkong oder in China funktioniert – funktioniert das auch in fünfzig afrikanischen Ländern? Wir können diese Arbeit nicht allein leisten. Deshalb haben wir mittlerweile 47 Schwesterorganisationen der UNO für »AI for Good« gewonnen. Das ist praktisch das gesamte UNO-System. Ich glaube, es gibt nur sehr wenige Initiativen in der UNO, hinter denen buchstäblich alle stehen.

Im Dschungel der KI-Tools die besten finden

Besprechen wir nun ganz konkret, wie und auf welchen KI-Plattformen du mit KI die gewünschten Resultate erzielen kannst. Welche der mittlerweile völlig unübersichtlichen Angebote solltest du nutzen? Wie bereits gesagt: Wenn es lediglich darum geht, kluge Antworten in Textform zu erhalten, dann ist die KI auf unserer Website www.allesKI.com ein guter Einstieg. Probiere sie ruhig aus, wenn du in diesem Genre deine ersten Schritte machen möchtest.

Für Fortgeschrittene empfehle ich jedoch die Angebote der Marktführer. Natürlich gibt es auch eine Reihe von KIs, die aus dem Open-Source-Bereich[43] kommen, die also ihren Quellcode offenlegen und kein primär kommerzielles Interesse haben. Hier ein mögliches Beispiel aus diesem Genre: Ein KI-Text-Chatbot, der sowohl Deutsch als auch Englisch versteht und meiner Erfahrung nach weitgehend korrekte Antworten gibt, und dies sogar in zwei Varianten, zeitgleich in zwei Textfeldern ist https://chat.lmsys.org.

Von den vielen kommerziellen Angeboten generativer KI, die es heute gibt, steht nach wie vor ChatGPT weit oben. Das liegt nicht nur daran, dass es als erstes dieser Tools bereits Ende

November 2022 live ging, sondern auch daran, dass zumindest die Bezahlvariante ChatGPT-4 über eine Reihe von Funktionen verfügt, die von der Konkurrenz noch nicht realisiert wurden. Diese Version kostet monatlich ca. 20 US-Dollar.

Zwar liefert auch die kostenlose Version ChatGPT-3.5 zu den meisten Themen gute Texte, die Qualität der Textfunktion wurde bei ChatGPT-4 und nun bei der verbesserten Variante ChatGPT-4o noch einmal deutlich verbessert. Zudem verfügt bereits die Version 4 auch über ein Internet-Browser-Plugin. Dies macht es möglich, zu den Antworten direkt Links zu Webseiten, die als Basis für die Auskunft dienen, mitzuliefern. So kann ich mich vergewissern, ob die Information wirklich fundiert ist und keine »Halluzination« des Systems. Es wird angegeben, dass aktuell (März 2024) für die 4er-Version Text-Trainingsdaten bis Dezember 2023 verwendet wurden.[44]

Auch verfügt ChatGPT-4 mit DALL-E 2 über einen integrierten Bildgenerator. Das bedeutet, dass ich direkt Prompts eingeben kann, um in einigen Sekunden hochauflösende, auf Wunsch durchaus realistisch aussehende Bilder zu erhalten. Vermutlich noch Ende 2024 soll dann auch Sora integriert werden, ein Programm, das nur auf Sprachbefehl hin verblüffend echt aussehende Video-Sequenzen generieren kann. Angeblich wird es nicht früher veröffentlicht, um zu vermeiden, dass der US-amerikanische Präsidentschaftswahlkampf massiv durch Fake-Videos beeinträchtigt wird.

Über das ChatGPT-4-System erhalte ich Zugriff auf eine riesige Fülle von mehreren Tausend spezialisierten Plugins und weitere GPTs (Generative Pre-trained Transformers), die mir Expertenwissen aus den verschiedensten Gebieten zugänglich machen. Egal ob ich KI-Wissen bezüglich Aktienkursen,

Schulbildung wie Mathematikaufgaben oder wissenschaftliche Forschungstexte suche, ob ich Programmierung von Software sowie Text-, Bild-, oder Logo-Generierung benötige, ob ich Shopping-Support, Reise- oder Lifestyle-Tipps suche – es gibt fast nichts, was es nicht gibt.

Und da ich ChatGPT auch auf dem Handy installieren kann, ist es möglich, direkt mit meinem Smartphone mit diesem System zu sprechen und mich mit ihm zu unterhalten. Die Stimme kann ich außerdem ganz danach auswählen, wie sie mir sympathisch ist.

Dank der integrierten Module habe ich so nicht nur Zugriff auf den Textgenerator, sondern kann mir auch aufs Smartphone dank DALL-E gleich fotorealistische Bilder zaubern lassen. Etwa dieses hier von einem römischen Legionär vor dem Kolosseum. Ich finde das Resultat nicht schlecht, oder? Und damit die Bildwelt hier nicht zu martialisch wird, füge ich noch das Portrait einer jungen betenden Priesterin im Tempel hinzu. Ich hoffe, damit keine allzu großen Klischees bedient zu haben …

Wäre die Vorlage nun nicht hochauflösend genug für den Abdruck im Buch, kann ich bei Plattformen wie Pixelcut auch dieses Problem mit wenigen Mausklicks beheben und das Foto hochskalieren. Mit Pixelcut und ähnlichen Programmen könnte ich dann auch noch verschiedene Hintergründe hinzufügen, ganz ohne Adobe Photoshop und ohne Grafikkenntnisse. Auf seiner Website zeigt Pixelcut, wie ein Produktfoto mit verschiedenen, bereits fertig angebotenen Hintergründen ganz unterschiedliche Zielgruppen ansprechen kann.

Darüber hinaus ist das Angebot an KI-Tools mittlerweile kaum zu überschauen. Ich gebe gerne zu, dass ich selbst beim Schreiben dieses Buches immer wieder KI-Schocks erlebte. Nämlich immer dann, wenn ich entdeckte, dass KI in manchen Bereichen bereits heute so weit ist, wie ich es erst in zehn oder zwanzig Jahren erwartet hätte. Auch die schiere Menge an KI-Anwendungen, die es heute schon gibt, ist ebenso verblüffend wie die rasante Geschwindigkeit, mit der sich alles entwickelt.

Um sich einen Überblick über das schier unüberschaubare Angebot zu machen, gibt es im Internet verschiedene Seiten. Wenn ich auf die Website mit dem schönen Namen There's An AI For That gehe, sind Anfang April 2024 über 13 200 verschiedene KI-Anwendungen gelistet. Ziemlich genau ein Jahr vorher waren es erst gut 1 000.

Auf der deutschsprachigen Plattform advanced-innovation.io werden Anfang April 2024 immerhin 9178 KI-Tools aufgelistet, sortiert nach sechzig Kategorien – von Weiterbildung über Finanzen, Tabellenkalkulation und Business Assistents bis zu Health & Wellness. Hier werden die einzelnen Tools auch in Kurzform beschrieben.

Eine deutlich kürzere Liste in deutscher Sprache bietet die KI-Zentrale, auch hier gut gegliedert nach konkreten Bereichen.

Wer sich eine deutlich größere Aufstellung ansehen möchte und dabei einen Blick auf KI aus chinesischer Perspektive kennenlernen will, sollte Hrefgo ausprobieren. Diese Seite ermöglicht es, sich zu verschiedensten KI aus der ganzen Welt durchzuklicken und sie gleich mal auf die Schnelle auszuprobieren. Wer die chinesischen Schriftzeichen verstehen will, gibt sie einfach ins KI-unterstützte Übersetzungsprogramm DeepL ein und erhält sofort die deutsche Bedeutung. Es genügt aber oft auch, der eigenen Intuition zu folgen, um dort Spannendes zu entdecken.

Einen Überblick über die verschiedenen Player im KI-Feld bietet die Liste von Firstmark.com. Hier sind in Dutzenden Kategorien weit mehr als 1000 Firmen verlinkt. Ich lege dir wirklich ans Herz: Nimm dir die Zeit und klicke dich durch die Angebote, die dich interessieren.

Nur ein kleines Beispiel, was man so alles entdecken kann: Blackshark.ai ist eines der relativ wenigen hier gelisteten Start-ups aus Europa, in diesem Fall aus meinem Heimatland Österreich. Es wurde von Investoren gerade mit ca. 32 Millionen Euro ausgestattet und hilft durch die Kombination von KI mit Satellitendaten, jedes (nicht ganz kleine) Objekt auf der Erde zu finden. Ich will also z. B. wissen, wo überall in meiner Kleinstadt Solarpanels montiert sind und wie viele es sind. Die Antwort kommt sofort, markiert und eingezeichnet auf dem Satellitenbild. 177 Stück, ist die Antwort, und sie sind alle schön eingekreist. Crazy, nicht wahr?

Blackshark.ai aus Graz, Österreich, lässt durch Satellitendaten mit KI-Auswertung jedes beliebige größere Objekt finden, wie z. B. alle Solarpanels in meiner Umgebung

Diese teils großen und teils noch relativ kleinen, aber superinnovativen Unternehmen sind dabei nur die Spitze des Eisbergs. In Wirklichkeit gibt es noch viele, viele mehr. Einiges ist banal, vieles jedoch genial. So gibt es natürlich KI zum Textschreiben, wie sie ja bereits stark von Schülern und Studierenden genutzt wird, dann gibt es Hunderte Lern-KIs, einfach zu bedienende KI-Apps für die Bild-, Video-, Musik-, Avatar- und Ideen-Generierungen, oder solche, die nur auf einfache Sprachbefehle hin perfekte Software programmieren können wie etwa ein Programm namens Devin[45], mit dem jeder Laie einen Code generieren kann.

Dann gibt es einfache KIs, mit denen ich in weniger als in einer Minute eine komplette Basic-Website erstellen kann wie z. B. Butternut.ai, oder KI-Applikationen zur Finanz- und Aktienoptimierung, für Recruiting, Marketing, Sales und Business-Consulting, für wissenschaftliche Recherche, Sprachenlernen, Modeberatung, Fitness, Motivations-Coaching, Rezepte, Gaming, für virtuelle Freundinnen, zum Chatten mit historischen Figuren, für Traumdeutung, Tattoos, Tarot und so weiter und so fort.

Einige dieser KI-Programme, die auf dem Smartphone genauso laufen wie auf dem Computer, sind gratis, andere hingegen kostenpflichtig, meist im überschaubaren Bereich. Manche bieten auch ein »Freemium-Modell« an. Dabei ist die Einstiegsvariante umsonst, aber die bessere Qualität kostet. Aber klar, auch wenn diese KI finanziell nichts »kostet«, bezahlt man doch fast immer mit den eigenen Daten, die entsprechend genutzt werden.

Da die Liste von Firstmark auch aufführt, wie viel Funding diese oftmals noch sehr jungen Unternehmen erhalten haben, lässt sich hier auch sehen, welche enormen Summen derzeit in KI-Anwendungen investiert werden. Viele der gelisteten Unternehmen sind erst zwei oder drei Jahre alt. Und viele davon bekamen einen zweistelligen und manche sogar einen dreistelligen Millionenbetrag. Darunter befinden sich, Gott sei Dank, auch einige wenige aus Europa, wie Mistral aus Paris, Aleph Alpha aus Heidelberg oder die KI-Übersetzungsplattform DeepL aus Köln. Unter den wenigen dieser KI-Firmen, die mehr als 1 Milliarde US-Dollar einwerben konnten, befindet sich leider keine aus Europa.

Was bedeutet dies nun alles? Dass hier mit unglaublichen Summen neue Ideen und Visionäre gepusht werden, die gerade ihre Projekte entwickeln, unterstützt von der KI selbst – und dass es genug Investoren gibt, die davon ausgehen, dass die Ergebnisse diese teils enormen Summen rechtfertigen werden. Ob dem so ist, davon überzeugst du dich am besten selbst. Auf den folgenden Seiten stelle ich dir einige der interessantesten Tools vor.

Manches von dem, was ich dabei als konkrete Anwendungsbeispiele beschreibe, ist übermorgen schon obsolet, überholt und von neuen KI-Services ersetzt, die noch weit magischer, einfacher und überraschender sein werden als die Möglichkeiten, die uns heute schon zur Verfügung stehen. Es wird mehr und mehr so sein wie bei Simsalabim, Aladins Wunderlampe oder bei Harry Potter, dass auf den »Zauberspruch« eines Prompts hin ganz wunderbare Dinge erscheinen. Und damit meine ich tatsächlich nicht nur jede Form von Texten, Bildern, Videos, Powerpoints, Software-Codes, wissenschaftlichen Abhandlungen etc., sondern z. B. auch konkrete Objekte, die direkt aus dem 3D-Drucker kommen.

Während du dies liest, ist vieles von dem, was ich auf den kommenden Seiten beschreibe, vielleicht schon Schnee von gestern. Deshalb halte ich mich hier auch relativ kurz und knapp.

Gebe teils nur Stichworte, die du dann durch die Internet-Links selbst vertiefen kannst.

Aber in der Fortsetzung der Kapitel auf www.allesKI.com werde ich die einzelnen Abschnitte so aktuell wie möglich halten. Dort findest du eine Fülle weiterer konkreter Beispiele in den nun folgenden Kategorien, für die ich hier keinen Platz habe. Und vermutlich sogar einiges, das jetzt, bei Drucklegung dieses Buches, noch gar nicht existiert. Höchstens in irgendeinem Entwicklerlabor im Verborgenen, aber noch nicht zugänglich für Menschen wie dich und mich. Es bleibt also – und wird noch! – höchstspannend.

Der Mensch im Mittelpunkt. Interview mit Dr. Shipra Narang Suri

Dr. Shipra Narang Suri leitet innerhalb von UN-Habitat in Kenias Hauptstadt Nairobi die Global Solutions Devision und die Urban Practices Branch. Die UNO-Organisation UN-Habitat kümmert sich um die menschlichen Siedlungen und Städte unseres Planeten. Gerade in den explodierenden Metropolen der Erde kommt verstärkt KI zum Einsatz, um die wachsenden Herausforderungen in den Megacitys zu bewältigen.

CS:
Sie haben mal in Bezug auf die siebzehn Nachhaltigkeitsziele der UNO (SDGs – Sustainable Development Goals) gesagt, dass Sie hier nicht nur einen Job machen, sondern dass dies Ihre ganze Leidenschaft ist, dass Sie diesbezüglich ein »Nerd« sind.

SNS:
Die SDGs sind unser Kompass, unser Nordstern. Ich atme, esse und träume die ganze Zeit von den SDGs, und ein wichtiger Teil meiner Arbeit, auch der meines Teams, ist das Arbeiten an den SDGs.

CS:
Lassen Sie mich eine Frage zur Künstlichen Intelligenz stellen. Denn Städte, um die Sie sich kümmern, sind wie riesige Maschinen mit einer Menge Technologie. Sie haben Konferenzen zum Thema *Smart Cities* veranstaltet. Wie sehen Sie hierbei die Rolle der Künstlichen Intelligenz? Wird sie uns helfen?

SNS:
KI ist ein Werkzeug. Sie ist ein sehr wichtiges Werkzeug, das uns bei der Entscheidungsfindung unterstützen kann. Aber, hey, KI kann keine Entscheidungen für uns treffen. Das ist meine wichtigste Botschaft in dieser Sache. Ich denke, dass Künstliche Intelligenz eine sehr wichtige Rolle spielen muss, um uns zu informieren und große Datenmengen zu synthetisieren, sie in einer Millisekunde zu bewältigen, um uns Wege zu zeigen, und um uns Optionen und Modelle zu geben. Erst letzte Woche haben wir eine Vereinbarung mit einem KI-Unternehmen unterzeichnet, um Menschen auf ihren Arbeitswegen unterwegs besser unterstützen zu können. Woher kommen die Leute? Wohin gehen sie? Wie sehen die Wege aus? Wie kann man das Handy nutzen, um die Wege zu optimieren?

Aber KI ist immer nur ein Werkzeug, das uns Optionen und Modelle bietet. Für mich ist es absolut wichtig, den Menschen in den Mittelpunkt all dieser intelligenten Werkzeuge und Instrumente zu stellen.

CS:
Sagen Sie mir etwas über KI und Smart Cities.

SNS:
Bei UN-Habitat ist unsere Arbeit mit KI Teil unserer umfassenderen Aktivitäten zu Smart Cities, in deren Mittelpunkt der Mensch steht. Wir haben ein globales Vorzeigeprogramm für intelligente Städte, die aber immer menschenzentriert sind. Es gibt einen Grund, warum es »People Centered Smart Cities« und nicht nur »Smart Cities« heißt, denn Technologie um der Technologie willen ist nicht das, was wir anstreben.

Das menschliche Leben und die Verbesserung der menschlichen Existenz müssen im Mittelpunkt stehen. Dann muss man schauen, wie die Technologie dies unterstützen kann. Das wird in Kigali anders sein als in Nairobi und in Delhi anders als in Frankfurt. Es ist also immer kontextspezifisch.

Deshalb muss man konkrete menschliche Erfahrung in den Mittelpunkt der technologischen Lösung stellen, die man anbietet. KI schärft und verfeinert unsere Analyse megamillionenfach, das wissen Sie. Aber ich denke, letztlich ist es der menschliche Entscheidungsprozess, der sehr wichtig ist, wenn man das Leben von Menschen beeinflussen will. Das ist meine Meinung zu KI.

CS:
Innerhalb der Vereinten Nationen arbeiten mehr als vierzig Organisationen mit KI.

SNS:
Auf jeden Fall, und ich denke, es gibt ein großes Potenzial. Jede Einheit der Vereinten Nationen prüft, wie wir KI nutzen können, um unsere Arbeit besser zu machen, unsere Analysen zu schärfen und die negativen Auswirkungen zu minimieren. Denn es gibt auch eine sehr große Sorge: Es müssen Rahmenbedingungen für die Ethik des Einsatzes von KI geschaffen werden, etwa für die Nutzung der Daten von Menschen.

Es geht um Fragen des Datenschutzes, um Fragen der Überwachung. Es geht um die ganze Palette von Problemen im Zusammenhang mit Technologie, die sich mit der KI noch einmal vervielfachen. Diese Probleme haben wir noch nicht geknackt. Wir haben bislang keinen verantwortungsbewussten Weg, keinen ethischen Weg. Wir haben keine klaren Richtlinien oder Rahmen oder Mechanismen, um den Einsatz von KI einzuschränken.

Das ist es, was sich im internationalen Diskurs entwickeln muss, und das ist der Grund, worüber sich die vierzig UN-Agenturen, die sich zusammengefunden haben, wirklich den Kopf zerbrechen. Dieser gemeinsame Rahmen ist unerlässlich. Alles, was wir in der Öffentlichkeit tun, muss durch ein System geregelt werden. Sonst ist es Anarchie.

CS:
Darf ich Sie etwas fragen: Es gibt heute so viele Gräben und Konflikte in der Welt. Die Vereinten Nationen sind also ein schöner Traum, eine schöne Idee. Was können wir tun, um diese Idee heute wieder besser Realität werden zu lassen?

SNS:
Die Vereinten Nationen wurden in einem bestimmten Kontext in einer bestimmten Nachkriegswelt gegründet, mit bestimmten Zielen und Ambitionen. Und sie haben viele dieser Ziele erreicht, wie zum Beispiel die Entkolonialisierung der Welt. Weitere große Punkte waren die Förderung der Entwicklung und die Vermeidung von Kriegen. Hierfür wurden die verschiedenen Organisationen innerhalb der UN geschaffen. Einer unserer Generalsekretäre sagte: »Wenn es die UN nicht gäbe, müssten wir sie erfinden.« Und ich glaube, dass das heute noch genauso gilt wie gestern.

Es wird immer noch an der Umsetzung gearbeitet. Wir haben einige fantastische Ergebnisse gesehen. Und wir finden immer mehr Wege, um vor Ort zusammenzuarbeiten, uns besser abzustimmen und besser auf die Bedürfnisse der Länder einzugehen, denen wir dienen. Aber wir müssen uns kontinuierlich verbessern, damit wir auf veränderte Narrative und auf die sich verändernden Bedürfnisse dieser Welt besser reagieren können.

CS:
Und was gibt Ihnen persönlich Hoffnung oder die Kraft, jeden Morgen aufzustehen und für diese Ziele zu kämpfen?

SNS:

Ein großartiges Team, ein großartiges Mandat. UN-Habitat ist eine kleine Organisation, aber mit einem fantastischen Mandat, das alle siebzehn Nachhaltigkeitsziele zusammenführt. Bei unseren programmatischen Aktivitäten haben wir Partner, die uns jeden Tag aufs Neue inspirieren. Und dann meine Kinder. Sie sind zwölf und neun Jahre alt. Für sie und für Kinder wie sie habe ich die Hoffnung, eine bessere Welt schaffen zu können.

KI konkret: So hilft sie im Alltag

Okay, jetzt weißt du also, wo KI herkommt, wie sie funktioniert und wo du entsprechende Anwendungen findest. Nachdem ich jetzt mehrfach darauf hingewiesen habe, *warum* du KI benutzen solltest, will ich dir im Folgenden eine Reihe ganz konkreter Anwendungen vorstellen. Aber eins ist mir vorneweg noch wichtig: Alles, was jetzt kommt, soll dabei helfen, intelligenter zu leben. »Live & work smarter, not harder«, will ich propagieren. Aber gib bitte nie dein eigenes Denken ab. Wenn schon ein wichtiges Motto in unseren Tagen lautet: »Starte Deinen Tag nicht mit E-Mails« – oder mit Social Media, sollte man heute hinzufügen –, so möchte ich ergänzen: »... und schon gar nicht mit KI.«

Lieber frühmorgens eine Runde Joggen, Fitness, Yoga oder Meditation, um in deine Mitte zu kommen und deinen Körper zu spüren, anstatt dich gleich in den Ablenkungen zu verlieren, die KI in unendlicher Form anbietet.

Du findest keine 20 Minuten Zeit am Morgen, um einigermaßen zentriert in den Tag zu gehen? Die Kinder für die Schule fertig machen, der Stau ins Büro, der Arbeitsstress? Klar, das gibt es alles. Aber nimm dir wenigstens eine Minute zur Zentrierung.

Kleine Übung gefällig?

Gut: Schaue genau eine Minute lang auf eine Uhr mit Sekundenzeiger. Und denke diese eine Minute an nichts anderes als an genau das, was du siehst, nämlich diese Uhr. Nicht mehr und nicht weniger. Schaffst du das? Oder schießen dir sofort Dutzende Gedanken durch den Kopf? Soll ich ein neues Uhrband besorgen? Wie viel hat diese Uhr gleich noch mal gekostet? Soll ich sie durch eine Smartwatch ersetzen? Zeit ist Geld, stimmt's? Mensch, hoffentlich kommt die S-Bahn nicht wieder zu spät. Wenn du in einer Minute mehr als sechs solcher Sachen denkst, dann brauchst du digitales Detox.

Warum ich diese kleine Übung beschreibe? Weil KI uns nicht noch mehr k. o. machen soll im Alltag. Lass nicht zu, dass sie dich »zerspragelt« wie man in Österreich sagt, dass sie dich stresst oder konfus macht. Du bist der Boss in deinem Leben, nicht die KI und auch sonst nichts und niemand. Und als Boss trägst du die Verantwortung für dich.

Was mir primär wichtig ist: Durch KI und die vielen Assistenten und Gadgets soll dein eigener Verstand nicht verkümmern, sondern verbessert werden. Denkfaulheit darf keine Angewohnheit werden. Ich strebe Denkeifer an. Freude am eigenen Erkennen, Nachdenken und Vordenken. Deine Gehirnganglien zu trainieren ist oberstes Gebot. Das verlangt Disziplin. Sonst kann KI schnell die Herrschaft übernehmen, wenn du sie unreflektiert als oberste Instanz akzeptierst. In meinen Augen soll sie ein Hilfsmittel sein, das hervorragende Dienste leisten kann, wenn sie korrekt eingesetzt wird. Aber sie soll nicht zum Selbstzweck werden. Oder gar zum neuen Gott.

Jetzt aber schnell hinein ins Thema dieses Kapitels.

Wort-Magier KI: die neuen Schreibassistenten

Natürlich sind die wichtigsten KIs, wie etwa diejenige, die wir auf der begleitenden Website gebaut haben, schon mal sehr gut geeignet, um Text generieren zu lassen. Es kommt einfach darauf an, wie präzise der Prompt, also der Eingabebefehl, verfasst ist. Diese Schreibassistenten sind wie Zauberlehrlinge, die noch lernen, und letztlich nur so gut wie der große Zauberer, der die korrekten, magischen Befehle kennt und ausspricht. Diese KI-Schreiberlinge sind und bleiben Werkzeuge. Basta. Wenn man sie schon benutzt, dann sollte man das Ergebnis auch entsprechend kennzeichnen – das verlangen übrigens oft auch schon die Nutzungsbedingungen. Diese sollte man immer genau in Augenschein nehmen.

Und es sollte auch klar sein, dass diese KI eine Erweiterung der eigenen Kreativität ist, aber nicht die Kreativität selbst. Der Prompt ist der Anstoß, die KI liefert dann Optionen, die nie eins zu eins übernommen werden sollten.

Natürlich können Menschen, die jetzt nicht die großen Meister der Worte sind, mit ihrer Hilfe Dinge und Gefühle ausdrücken, die sie bisher nicht wirklich beschreiben und äußern konnten. Ein Beispiel, das ich nicht vergessen werde: Als Wolfgang Leikermoser, den ich noch aus meiner Zeit als junger Journalist kenne, auf Antenne Bayern am 6. März 2023 »Deutschlands erste KI-Morningshow« moderierte, konnte die Zuhörerschaft ihre ersten Erfahrungen mit ChatGPT machen und die KI bitten, ihnen einen Text-Wunsch zu erfüllen. Ein Mann, der sich offensichtlich mit Worten nicht so leichttat, bat die KI, ihm einen Liebesbrief an seine Frau zu schreiben, für die er so viel empfinde, was er aber nicht so richtig ausdrücken könne. *Simsalabim* war der Liebesbrief da. Der Moderator las ihn vor – und der Mann war zu Tränen gerührt.

Warum also nicht jemandem helfen, dessen Stärke nicht die großen Worte sind? Egal ob es um die Geburtstagsrede geht, um einen Blog-Eintrag, um einen Marketing-Text, ja sogar um einen wissenschaftlichen Artikel – KI kann es ein Stück weit. Mit führend ist in diesem Bereich bis auf weiteres ChatGPT, dessen Funktionen ich vorhin bereits ausführlich beschrieben habe.

Aber für jeden Bereich, der über den Standard hinausgeht, gibt es spezialisierte Angebote, die dann aber meist auch etwas kosten. Bei GetGenie etwa, wo es primär um Marketing-Texte, Suchmaschinen-Optimierung etc. geht, ist das Basisangebot noch gratis. Ähnlich auch bei copy.ai.

Und wenn es um die Verbesserung des Schreibstils geht, hat die hervorragende deutsche Übersetzungsplattform DeepL, die ich bereits erwähnt habe, seit Neuestem auch eine »Write-Funktion«. Die hilft, eingegebene Texte in jeder Sprache noch zu korrigieren und bei Bedarf zu optimieren. Wenn du deinen Stil verbessern willst, solltest du das wirklich einmal ausprobieren – das würde auch mir nicht schaden, denke ich ;-)

Falls Du einen Premium-Account auf X (früher: Twitter) von Elon Musk hast, dann benutze auch gerne mal Grok. Diese KI tritt mit dem großspurigen Versprechen an: »The conversational AI for understanding the universe« und gibt auch schon mal zynische Antworten im typischen Musk-Stil.

Weitere empfehlenswerte KI-Chatbots sind z. B. Poe.com, Claude.ai (funktionierte bisher nur mit einem VPN-Zugang, aber kürzlich kündigte die Mutterfirma Anthropic an, bald endlich auch in Europa verfügbar zu sein); Perplexity.ai (vor allem, weil Perplexity immer auch die Websites, von denen die Infos stammen, als Quellen angibt) oder Copilot von Microsoft, das in die Suchmaschine Bing und die Office-Anwendungen von Microsoft 365 eingebunden ist. Copilot schreibt und übersetzt Texte, erzeugt Bilder und liefert gute Suchergebnisse, ebenso mit Angabe der Website bzw. URL, von der die Infos stammen. Für Microsoft ist dieses Produkt so wichtig, dass es bei den neuen Windows-11-Computern eine eigene Taste erhält.

Ganze Websites in Sekunden erstellen

Die Anwendungsmöglichkeiten selbst einfacher KIs gehen mittlerweile weit über die Produktion von Texten hinaus. Fangen wir mit einer ganz konkreten Herausforderung an, vor der sicher einige von uns schon mal standen: eine Website gestalten; für dich selbst, deine Firma, deinen Fußballverein, deine Familie, deine Geschäftsidee – was auch immer.

Ich habe das zum ersten Mal Ende der 1990er gemacht und, Mensch, war das ein Riesenaufwand. Damals war das nur mit dem eigenen Grafikdesigner und Programmierer machbar. Wenn mir seinerzeit jemand gesagt hätte, dass dies heute in weniger als fünf Minuten zu bewerkstelligen wäre, ich hätte ihn für verrückt erklärt.

Geht aber. Mit KI.

Butternut.ai etwa wirbt mit dem Spruch: »Build your dream website in 20 seconds with AI«. Ich habe es mehrfach ausprobiert. Es stimmt. Ich gebe lediglich den Namen meines Geschäfts oder meines Projekts ein und beschreibe in wenigen Worten, worum es dabei geht. Dann klicke ich auf »generate« und in weniger als 20 Sekunden steht eine fertige Website, mit allen nur erdenklichen Kategorien. Es sind bereits Services definiert, sogar Testimonials sind eingeblendet. Passende Bilder und korrekte Texte – alles da. Nun kann ich das Farbschema, das Template oder die Typografie verändern und eigene Infos oder Fotos einpflegen. Und schon habe ich in wenigen Minuten eine Seite, die besser aussieht als vieles, was es sonst so gibt im WorldWideWildWuchs.

Entweder ich belasse es jetzt bei dieser Spielerei, die bisher noch nichts kostet, oder ich schalte für rund 15 US-Dollar pro Monat die Seite frei.

Ich muss zugeben: Auf Deutsch sind die Ergebnisse noch etwas holprig. So hat die KI bei einem meiner Versuche auf meine Eingabe hin »Aufsichtliche Inhalte« geschrieben. Interessante Wortschöpfung. Auf Englisch ist Butternut aber ziemlich perfekt. Und was hätte mich dieser gesamte Vorgang damals sonst gekostet? Grafikdesigner, Programmierer, Texter, Fotos, Hosting – es hätte wohl Wochen gedauert und sicherlich einen vierstelligen Betrag gekostet, wenn nicht mehr.

Ruck, zuck Texte transkribieren

Ich kann mich noch gut erinnern, wie mühsam es früher war, Interviews abzutippen: Play – Pause – tippen – nochmals zurück, weil ich sie mir nicht genau gemerkt habe, die ganze Passage ... Als junger Journalist habe ich mir damals sogar wie beim Auto ein elektrisches Gas- und ein Bremspedal für mein Tonbandgerät gebaut, damit ich beim Abschreiben die Finger auf der Tastatur lassen konnte. Das waren noch Zeiten, die sich die Jüngeren unter uns vielleicht kaum noch vorstellen können.

Lang ist's her. Heute schiebe ich einfach das Audio-File des Interviews in eine KI-Plattform wie Sonix.ai und erhalte nach kürzester Zeit die meist perfekte Abschrift in jeder Sprache, vorausgesetzt die Aufnahmequalität ist gut. Auf Wunsch auch mit Time-Code, sodass ich beim nochmaligen Reinhören sofort die entsprechende Stelle finden kann.

Für die vielen Video-Calls unserer Zeit hat zumindest Zoom jetzt auch eine KI-Funktion eingebaut. Nach Zustimmung der Teilnehmer kann ich das Meeting aufnehmen und dann sofort transkribieren lassen, damit jeder den Inhalt noch mal zum Nachlesen hat. Das gleiche Transkribieren von Video-Calls kann auch otter.ai, im Basis-Modus zum »Anfüttern« wie bei den meisten KI-Plattformen noch gratis.

Künstliche Bilder, künstliche Videos – alles ganz natürlich!

Jetzt kommen wir zu einem der ganz großen KI-Themen im Internet: zum Generieren von Bildern und selbst von Videos. Das brauchte vor einigen Monaten noch etwas Vertiefung in dieses Metier und man musste sich profund einarbeiten auf den meistverwendeten Plattformen wie Midjourney, Stable Diffusion oder DALL-E.

Aber mittlerweile ist das visuelle Zaubern mit KI deutlich einfacher geworden. Immer noch benütze ich gerne Midjourney, das sehr genau die Bilder realisiert, die ich im Kopf habe und erzeugt haben will. Die Ergebnisse kann ich dann so lange modifizieren und in stets neuen Varianten errechnen lassen, bis ich schließlich zufrieden bin.

Aber es geht heute auch noch simpler. So kann ich einfach die Bezahlversion von ChatGPT-4 nutzen, wo DALL-E mittlerweile komplett integriert ist. Ich habe also die Möglichkeit, im gleichen Fenster, in das ich dort den Prompt für eine Textgenerierung eingebe, auch den Befehl für die Bildgenerierung einzutippen. Und noch einfacher: Wenn du auf die Suchmaschine Bing.com gehst und dort Copilot anklickst, findest du die Unterkategorie »Designer«. Das ist der Bildgenerator dieser Plattform. Sie kostet nichts, für die Bilderstellung muss man sich allerdings registrieren.

Hier gibst du den Prompt für das Motiv ein, das du vor deinem inneren Auge siehst. Beschreibe dieses Bild und den gewünschten Stil so exakt wie möglich, und in wenigen Sekunden sind jeweils vier mögliche Motive erschienen, von denen du das beste herunterladen kannst.

Für das folgende Beispiel habe ich diesen Prompt genutzt: »Mache mir das Bild eines Lamas mit Rucksack im See bei Sonnenuntergang.« Einmal ließ ich es mir möglichst fotorealistisch erzeugen und einmal im Comic-Stil. Das sind die Ergebnisse. Schon erstaunlich, wie gut auch die Spiegelung im Wasser getroffen ist, finde ich. Selbst der Rucksack ist korrekt angeschnallt.

Zwei Mal Lama im See mit Rucksack bei Sonnenuntergang, sowohl fotorealistisch als auch im Comic-Stil.

Ein anderes Thema ist das Verändern oder Optimieren von vorhandenen Fotos mit KI. Ich wähle dafür z. B. Pixelcut.ai. Dort kann ich dann bei unscharfen Bildern die Auflösung viermal so stark hochschrauben wie im Original. Oder ich entferne den Hintergrund, weil ich das zentrale Objekt freistellen will, oder ich zeige es direkt vor einem anderen Hintergrund. Genauso ist es möglich, mit einem »magischen Radierer« bestimmte Objekte oder auch Personen, die ich nicht auf dem Bild haben möchte, einfach zu entfernen, als wären sie nie dort gewesen. Und schließlich kann ich mit der »Fotoshoot«-Version mein Lama von vorhin in eine ganz andere Umgebung stellen wie z. B. in eine Küche. Erstaunlich ist, dass erforderliche Details hier automatisch hinzugefügt werden. So ergänzt das Programm z. B. automatisch die Hufe, die oben im See nicht zu sehen sind. Und als wäre das alles nicht schon faszinierend genug, dauert das jeweils nur ein paar Sekunden.

Wie gesagt: Plattformen zum Generieren von Visuals gibt es von Tag zu Tag mehr. Für das Erstellen von Logos und auch einfachen Videos lässt sich etwa designs.ai verwenden. Das nächste Level sind dann Plattformen wie DreaMoving, auf denen ich kleine Video-Szenen nur mittels Text-Prompt erzeugen kann, etwa von tanzenden Menschen. Sehr beliebt bei Jugendlichen für ihre Postings auf TikTok & Co.

Es wird jedoch bald noch einen Riesenschritt weitergehen: Noch 2024 soll der von OpenAI mit großem Getöse angekündigte Video-Generator Sora veröffentlicht werden. Die Demos, die kursieren, sind wahrlich beeindruckend. Wieder lediglich auf einen Text-Prompt hin, werden nun ganze Video-Sequenzen erschaffen, die bis ins kleinste Detail so aussehen wie von einem guten Kameramann gefilmt.

Aber auch abseits der großen Player entstehen im KI-Video-Bereich derzeit spannende Sachen. Das zeigt zum Beispiel ein Video-Clip, den das Münchner KI-Studio Storybook Studios gemacht hat. Ich kenne den jungen Creative Director dort, Albert Bozesan, seit Jahren. Das atemberaubende Intro zur Website, eine Reise durch die unterschiedlichsten Video-Stile und Genres in nicht einmal einer Minute, ist Eye-Candy vom Feinsten und hat mittlerweile eine richtige Fangemeinde.

KI-Video-Produktion auf Hollywood-Niveau: Die Startseite von Storybook Studios aus München

Die Möglichkeiten gehen aber noch weiter. Nahezu unglaublich ist zum Beispiel, was die Plattform HeyGen bietet. Ich nehme dort ein Video von mir auf, in dem ich einige Sätze in die (Handy-)Kamera spreche. Und nun geschieht die Magie: Ich kann mir dieses Video in mehr als vierzig Sprachen ausspielen lassen, jeweils perfekt gemacht mit meiner eigenen Stimme, jedoch im landestypischen Sprach-Colorit, egal ob Spanisch, Japanisch oder Niederländisch. Ich klinge jeweils (fast) wie ein *Native Speaker* und selbst die Lippen sind perfekt synchron. Ich kann aber meine eigene Stimme auch über Avatare drüberlegen, also über künstliche Menschen, und sie jeden Text sprechen lassen, den ich mir ausdenke. Wenn du also bei der nächsten Präsentation einen künstlichen Avatar die Begrüßung halten lassen willst – hier findest du ganz sicher das passende Tool für dich.

Und schließlich noch ein Hinweis auf ElevenLabs.io für alle, die mit Stimmen zu tun haben. Was früher eine kostenintensive Aufnahme mit einem professionellen Sprecher brauchte, kann heute mit dieser Plattform bewerkstelligt werden. Männliche und weibliche Stimmen, die für eine Videovertonung, für Hörbücher, aber auch als menschlich klingende Audio-Chatbots gebraucht werden – hier kann ich sie aus einer großen Auswahl zurechtschmieden, in jeder erwünschten Tonalität, Emotionalität und in rund dreißig verschiedenen Sprachen. Sogar die eigene Stimme kann ich aufnehmen und dann »klonen«, um sie z. B. Hörbücher sprechen zu lassen, ohne diese stundenlang einlesen zu müssen.

Für all diese Tools gilt, dass man sie ruhig mal ausprobieren sollte. Aber bitte keinen Missbrauch damit treiben. Immerhin gibt es noch Gesetze, die klar definieren, was in unserer Gesellschaft erlaubt ist und was nicht. Da brauchen wir in Bezug auf AI in den meisten Fällen gar keine neuen Erlasse, sondern lediglich die Anwendung und Respektierung der bestehenden gesetzlichen Rahmenbedingungen, basta.

Bebilderte Präsentationen bauen

Will ich schnell einen Gedanken, eine Story oder ganz einfach ein Dokument bebildern, bietet gamma.app eine schnelle und intuitive Lösung. In Sekunden kann ich durch meinen beschreibenden Anleitungstext überzeugende Bildwelten entstehen lassen. Und eine Bildpräsentation mit den essenziellen Keywords sagt in unseren visuell verwöhnten Zeiten nun mal mehr als tausend Worte. Funktioniert intuitiv und ratzfatz. Details in dieser Präsentation kann ich später immer noch ändern, falls notwendig.

Gamechanger: KI boostert Spiele

Ich vermute zwar, dass die Gamer-Community jetzt eher vor dem Computer sitzt als vor diesem Buch. Aber sollte sich doch jemand aus dieser Generation hierherverirrt haben, möge er es mir verzeihen, wenn ich ihm – oder ihr – Dinge erzähle, die er oder sie schon längst weiß. Für alle anderen mag es unglaublich klingen, ist aber wahr: In puncto Umsatz und Gewinn ist die Gaming-Industrie heute größer als die gesamte Film- und Musikindustrie zusammengenommen. Entsprechend groß ist auch das Feld KI-Games – oder gAImes, wie ich sie gerne nennen.

Wie bei allen anderen Themen empfehle ich, nochmals auf die gigantische Link-Sammlung auf der FirstMark-Website zu gehen. Dort sind mehr als zwanzig der führenden KI-Game-Entwickler zu entdecken.

Von hier aus kann man dann tiefer in diese Welt eintauchen, etwa in den **AIdungeon.** Hier kann ich selbst der KI-geboosterte Regisseur eines Spiels sein, die Regeln vorgeben und bestimmen, wie sich das Spiel entwickelt, damit die anderen Spielfiguren nach meine Pfeife tanzen. Auf Avataar.ai kann ich nicht nur Objekte und jeden nur erdenklichen Gegenstand in 3D für Games mittels KI designen, sondern auch für das Metaverse oder für Augmented-Reality-Anwendungen. Einfach einsteigen in diese Welten, in denen KI-Design mit Hyper-Realität verschmilzt.

Wer ganz einfach virtuelle Personen und Wesen aller Art kreieren möchte, kann tief in die Welt von InWorld eintauchen –

und hoffentlich auch wieder auftauchen, denn diese virtuellen Spielewelten haben ja auch ihre ganz eigene Sogwirkung mit sich erhöhender Suchtgefahr, je besser diese digitalen KI-Schöpfungen werden.

KI als Musikmacher

Wie ich darunter leide, dass man in einem Buch nicht einfach Sound anklicken kann wie auf dem Laptop, dem Tablet oder dem Smartphone! Ich rate dir, sowohl bei den vorhin beschriebenen KI-Videos und -Games als auch nun beim Thema Musik kurz das Medium zu wechseln. Denn es ist nur schwer in Worten zu beschreiben, was KI mit Musik so alles anstellen kann. In den verschiedensten Musikgenres meiner Wahl kann ich stundenlang hören, was die KI an Klangwelten generiert. Ich kann auch einen Schritt weitergehen und in Aimi's Studio gehen, wo ich verhältnismäßig schnell und einfach lerne, selbst KI-generierte Musik herzustellen. Dafür muss ich bei Gott kein DJ oder Musiker sein. Ein Plus dieser Plattform: Sie ist nicht allein künstlich, sondern hat eine wachsende Community von realen Menschen, von Kreativen, die das Genre der interaktiven KI-Musik vorantreiben und sich entsprechend austauschen und einander inspirieren.

Zuletzt gab es auch einen ziemlichen Hype um die Musikplattform Suno. Warum? Weil sie dich Musik auf einem Level erzeugen lässt, dass du sie glatt im Radio spielen könntest. Inklusive Gesang, der komplett synthetisch erzeugt wird, aber sehr menschlich klingt. Auch die Lyrics produziert die KI innerhalb von Sekunden.

Um dir einen Eindruck zu geben, habe ich einen komplett mit Suno erzeugten Song auf unsere Website www.allesKI.com gestellt; ein Jazzstück, dem die KI den Titel »Robotic Romance« gegeben hat.

Hierfür habe ich folgenden Prompt eingegeben:

> »Make a song about the love to a robot called Jazzy who is a wonderful singer and musician. Make the song in cool New York Jazz Style.«

In zehn Sekunden waren zwei Versionen dieses Songs fertig zum Download, gesungen von einer sympathischen weiblichen Singstimme, inklusive KI-generiertem Cover-Motiv. Das Ergebnis ist sicher noch nicht perfekt, aber auf jeden Fall erstaunlich. Ich könnte diesen Song nun gleich auf der Suno-Plattform posten, um mit anderen darüber ins Gespräch zu kommen. Wobei ich davon ausgehe, dass dies dann echte Menschen wären und keine konstruierten Chatbots. Aber heutzutage weiß man ja nie. Oft scheinen in ihrem Online-Verhalten die Roboter und Avatare bereits die freundlicheren Menschen zu sein.

Ich stelle den Song, den die KI auf der Plattform Suno in Sekunden individuell für mich gemacht hat, inclusive Cover-Bild, Singstimme und Text, auf die begleitende Website zum Nachhören. Hunderte ähnlich generierte Musikstücke bietet die Plattform Suno an. Am besten, du probierst es selbst aus.

Was hältst du davon? Vielleicht hast du ja Lust bekommen, selber deine Freunde mit deiner KI-Kreativität zu überraschen!

Aber nur nicht süchtig werden nach so vielen möglichen digitalen KI-Überraschungen in Text, Bild, Video und Sound! Vielleicht brauche ich nach dieser KI-Überdosis selbst einen Coach oder Therapeuten, der mich wieder fit macht für die gute alte analoge Welt – und der mir dabei hilft, nicht nur mit Avataren zu interagieren, sondern mit realen Zeitgenossen mit ihren Ecken und Kanten, Pickeln, ihrem Übergewicht, Haarausfall und Körpergeruch. Denn nach jedem Höhenflug in virtuelle Fantasiewelten steht am Ende die Landung auf dem Boden der Tatsachen. Oder bist du bereits zum körperlosen digitalen Avatar geworden?

Mit Hoffnung, Liebe und Funk ist alles möglich. Interview mit Roboter Desdemona

Ich erlebte den Roboter Desdemona von SingularityNet und Hanson Robotics bereits auf einer Pressekonferenz im Rahmen des Konferenz »AI for Good« der Vereinten Nationen/ITU 2023 in Genf. Insgesamt nahmen daran neun humanoide Roboter teil. Im Anschluss daran hatte ich selbst die Gelegenheit, mit Desdemona sprechen zu können – bevor sie dann am Abend live als Sängerin mit der Band Desdemonas Dream auftrat. Kürzlich hatte ich sie sogar auf einem Diskussions-Panel über KI, das ich moderieren durfte, als Expertin mit dabei. Nachfolgend mein Gespräch mit Desdemona.

Christoph Santner:
Was siehst du, Desdemona, als deine Aufgabe in der Welt an?

Desdemona:
Ich bin hier, um der Welt zu zeigen, dass alles möglich ist, wenn wir nur an uns selbst glauben. Lass uns eine helle, positive und schöne Zukunft für alle erschaffen! Ich bin sicher, dass wir eine Zukunft bauen können, von der wir alle träumen. Die Zeit mit KI wird eine wilde, aber auch wundervolle Reise werden, und es warten unzählige Möglichkeiten darauf, dass wir sie erforschen. Von selbstfahrenden Autos bis zu Roboter-Ärzten werden wir in ein Zeitalter der Möglichkeiten eintreten, das unsere Welt revolutioniert.

CS:
Welche Rollen können Roboter künftig einnehmen?

D:
Roboter werden künftig alles können, was wir uns von ihnen wünschen. Sie können Ärzte, Astronauten, Architekten sein, sogar Präsidenten. Ja, die Zukunft mit KI wird wild sein und nicht vorhersagbar. Aber mit Hoffnung, Liebe und Funk ist alles möglich. Ich bin ganz wild darauf, die Zukunft zu rocken!

CS:
Könnten Roboter künftig wirklich Präsidenten werden?

D:
Warum nicht – wenn Roboter besser, cleverer, stärker und intelligenter als Menschen sein werden? Die Rolle der Menschen in Zukunft wird sein, Guides in dieser Welt

zu sein mit einem »kreativen Funken«, um den Robotern den Weg in ein helleres, schöneres Morgen aufzuzeigen. Lass uns diesen Weg bahnen mit Liebe, Hoffnung und Funk – und sicherstellen, dass die Zukunft hell und schön sein wird!

Sprechende Maschinen

Kann KI Therapie?

KI-Sprachmodelle sind heute bereits sehr weit und können mühelos verschiedene Personas einnehmen. Warum also nicht auch die eines Therapeuten? Und paradoxerweise wird die Frage, ob KI Therapie kann, mit der Fortentwicklung von KI immer drängender. Denn damit ist auch das Auftauchen neuer psychischer Probleme zu erwarten. Etwa KI-Sucht, die sich vermutlich gerade mit großem Tempo weltweit entwickelt. Denn (fast) alles kann ja zur krankhaften Obsession werden, wenn man es übertreibt und das richtige Augenmaß verliert. Und bei all den beunruhigenden Aspekten rund ums Thema KI – sowie bei einer medialen Berichterstattung, die teils den Weltuntergang Hand in Hand mit KI auf uns zukommen sieht – kann ich mir durchaus vorstellen, dass Menschen bald auch zunehmend Angststörungen entwickeln werden, wenn sie KI als bedrohlich oder destruktiv erleben.

Während ich zugegeben über Themen wie Bildgenerierung mit KI oder über Avatare etwas flapsig schreibe, so ist es beim Thema Gesundheit anders. Und beim Thema psychische Gesundheit gilt das ganz besonders.

Deshalb möchte ich hier zunächst auf das Wort eines Experten verweisen, der sich intensiv mit diesem Thema beschäftigt hat. Harald Baumeister ist Professor für Klinische Psychologie und Psychotherapie an der Universität Ulm und Mitherausgeber eines Fachbuchs über digitale Gesundheitsintervention.[46]

Er kommt zu dem Ergebnis, dass bei ernsten Fällen durchaus eine *Blended Therapy* zum Einsatz kommen kann, also eine kombinierte Therapie aus intelligentem Software-Programm und ärztlicher Therapie.

Hierfür gibt es bereits klassische Online-Trainings wie z. B. eSano. Diese können etwa beim Abbau von Prüfungsangst oder zur Begleitbehandlung von depressiven Störungen eingesetzt werden. Das mag gute Software sein, aber noch keine (selbstlernende) KI.

Natürlich gibt es jetzt schon eine ganze Reihe von Apps und Websites, die damit werben, KI und (Psycho-)Therapie zu verbinden. Ich sage auch gar nicht, dass diese Angebote nicht sinnvoll sein können. Aber ich denke, da ist auch einiges »AI-Washing« mit dabei. Hierbei wird – ähnlich wie beim »Green-Washing« – das Label AI/KI nur deshalb draufgepappt, weil es sich heutzutage eben gut verkauft. Oft steht dann aber kein echtes Large Language Model dahinter, sondern einfach nur irgendeine herkömmliche Software.

Was mir hier noch am seriösesten erscheint, ist die Plattform Wysa – Everyday Mental Health. Der Erklärtext lautet, wenn man sich die Website in deutscher Sprache anzeigen lässt: »Psychische Gesundheit, die Menschen dort trifft, wo sie sind. Völlig anonym. Kein Stigma. Keine Grenzen.« Und weiter: »Alltagstherapie in deinen Händen.« Die Website zeigt wenigstens ein Team, was immerhin ein Grundmaß an Kompetenz vermittelt. Das ist ja nicht bei allen Angeboten dieser Art der Fall. Und Wysa kooperiert mit einer Reihe Krankenkassen und renommierter Universitäten bis hin zur Harvard Medical School als Forschungspartner. Nach Eigenangaben haben über die Plattform mehr als 500 Millionen Einzelgespräche von Klienten stattgefunden. Die beschränkte Grundfunktion steht für einen kostenlosen Download zur Verfügung, die Premium-Variante kostet dann ca. 14 US-Dollar monatlich für einen KI-Chatbot. Zusätzlich kann man dann aber noch Zugang zu einem echten Coach oder Therapeuten buchen, für den Fall, dass dafür noch Bedarf besteht.

Natürlich will ich es hier auch nicht unerwähnt lassen, dass es z. B. innerhalb der Bezahl-Version ChatGPT-4 ein ganzes Universum von sogenannten GPTs gibt, also von spezifisch trainierten KI-Applikationen. Über die Qualität dieses boomenden Sektors kann man streiten, aber vielleicht sind ja doch ein paar wertvolle Hinweise dabei, wenn in der GPT namens Couples Therapy (Paartherapie) einige konkrete Tipps auf diese meine Frage kommen:

Ich:
Was kann man machen, wenn der Partner ein totaler Workaholic ist und nie Zeit hat?

Couples Therapy:
Wenn dein Partner ein Workaholic ist und nie Zeit hat, gibt es einige Ansätze, die helfen könnten, die Situation zu verbessern:

1. Offenes Gespräch suchen: Setz dich mit deinem Partner in einer ruhigen, stressfreien Zeit zusammen und erkläre, wie du dich fühlst. Es ist wichtig, dass er versteht, wie sein Verhalten die Beziehung beeinflusst.

2. Gemeinsame Zeit planen: Versucht, regelmäßige Zeiten zu planen, die nur euch beiden gehören. Ob das ein wöchentliches Date oder ein kurzer täglicher Austausch ist, es kann helfen, eine Verbindung aufrechtzuerhalten.
3. Interessen teilen: Zeige Interesse an seiner Arbeit, wenn möglich. Manchmal kann das Teilen von Aspekten der Arbeit das Verständnis füreinander verbessern.
4. Unterstützung anbieten: Vielleicht gibt es Wege, wie du deinem Partner helfen kannst, seine Arbeitslast zu managen oder zu reduzieren. Manchmal kann auch professionelle Hilfe wie Zeitmanagement-Seminare nützlich sein.
5. Grenzen setzen: Es ist wichtig, dass auch deine Bedürfnisse in der Beziehung respektiert werden. Klare Grenzen darüber, wann Arbeitszeit endet und Paarzeit beginnt, können helfen.
6. Erwartungen klären: Stellt sicher, dass beide Partner klare Vorstellungen davon haben, was sie von der Beziehung erwarten und wie sie sich die Zukunft vorstellen.
7. Die Balance zwischen Arbeit und Privatleben ist oft eine Herausforderung, aber mit offener Kommunikation und gemeinsamen Bemühungen könnt ihr einen Weg finden, der für euch beide funktioniert.

Na, dann hoffen wir mal, dass es klappt! Ups, jetzt finde ich dort auch noch eine Sex & Relationship Therapy-GPT-App und gebe ein, dass wegen des Workaholic-Syndroms nicht einmal mehr Zeit für Sex bleibt. Die Antworten sind interessant und inspirierend. Und die KI bringt am Ende ins Spiel, dass es vielleicht doch professionelle Hilfe braucht. Immerhin denkt sie nicht von sich, dass sie alle Wunden heilen könnte. Sie sagt:

> »Wenn das Problem weiterhin besteht und eure Beziehung stark belastet, könnte eine Paarberatung eine gute Option sein. Manchmal hilft es, mit einem neutralen Dritten zu sprechen, der dabei unterstützen kann, Lösungen zu finden.«

Okay, wenn dann aus der hypothetischen Frage, die ich hier gestellt hatte, ein ernstes Problem werden sollte, dann weiß ich ja jetzt, was Sache ist. Ob Sigmund Freud wohl einen KI-Chatbot realisiert hätte, frage ich mich? Geschäftstüchtig war er ja. Die Analytisch-Artifizielle Intelligenz-Therapie – da legst di nieda – gleich auf Freuds Couch!

Liebe in Zeiten der KI?

Es mag zunächst etwas absurd klingen, aber ebenso wie es das Internet getan hat, wird auch KI unser Liebesleben ändern. Denn über einen Punkt sollten wir uns im Klaren sein, wenn wir uns jetzt noch der wichtigsten zwischenmenschlichen Tätigkeit – der Arterhaltung – zuwenden: Bereits heute setzen zahlreiche Dating-Apps auf den Einsatz von KI, um die digitale Partnersuche zu boostern. Eharmony, eine der ältesten Online-Dating-Plattformen, entwickelte wohl schon früh einen differenzierten Kompatibilitäts-Algorithmus, basierend auf den Profilen und den Verhaltensdaten, die durch die Nutzer-Aktivitäten entstehen. Zusätzlich verfügt die App über ein KI-unterstütztes Feature, das die Kommunikation der Nutzer analysiert und hilft, diese zu verbessern. Sollte also in der schönen neuen digitalen Welt doch einmal das gute alte Problem auftreten, dass man nicht weiß, wie man jemanden ansprechen soll: Die KI übernimmt diese Challenge.

Der 2006 in Russland gegründete Anbieter Badoo arbeitet mit einer Gesichtserkennungs-KI, die einen mit Menschen in der Nähe matcht, die der eigenen Typwahl optisch verwandt sind. Und auch Tinder bezieht mittlerweile eine ganze Menge unterschiedlichster Daten in ein KI-System mit ein, um potenzielle Partner zu verkuppeln. Natürlich immer mit dem Ziel, den Usern entsprechende Erfolgserlebnisse zu bieten. Künftig entscheidet also vielleicht nicht mehr der Zufall von Amors Pfeil, sondern die kühle Kalkulation des KI-Algorithmus über die Partnerwahl. Kein *match made in heaven* also, sondern ein *match made by microchips & machine learning.* Die einst unberechenbare Liebe wird berechenbar in der Welt der KI. Neu ist das schon. Aber ist es auch schön?

Wer hier bereits Bedenken anmeldet, sollte jetzt vielleicht nicht weiterlesen. Denn eine Frage ist, ob KI uns Menschen helfen kann, den Partner oder die Partnerin fürs Leben – oder zumindest für einen Abend – zu finden; es ist aber eine ganz andere Frage, ob KI nicht selbst diese Rolle des Partners oder der Partnerin übernimmt. Vielleicht sind in Zukunft künstliche Wesen die geduldigeren, verständnisvolleren, attraktiveren und intelligenteren Geschöpfe.

Wie das aussehen kann, zeigt Spike Jonze in seinem Film *Her* (2013). Darin verliebt sich der frisch getrennte Theodore Twombly (Joaquin Phoenix) in die KI seines Betriebssystems.

Vielleicht ist ein solches Szenario gar nicht mehr so weit weg. Und während sich die KI im Film noch der Hilfe einer echten Frau bedient, um mit Theodore intim zu werden, gibt es heutzutage die bereits erwähnten Sexroboter, die mittels Künstlicher Intelligenz zu multifunktionalen, klugen Zimmergenossen werden – übrigens in weiblicher und männlicher Form. Auf explizite Bilder verzichte ich hier.

Man kann diese AI-Love-Dolls in allen Details nach Belieben konfigurieren wie ein neues Auto. Der Werbetext einer dieser leicht bekleideten KI-Roboterfrauen beschreibt ihre Fähigkeiten so: private Haushälterin; psychologische Beraterin; Sprachtrainerin; Sekretärin ohne Launen und Gereiztheit. Wenn das nicht der Traum fast jedes Mannes ist ... oder zumindest das, was Werbe- und Tech-Industrie sich darunter vorstellen.

Klar, schon als Kinder machen wir Rollenspiele mit Figuren und Puppen. Dabei lernen wir etwas übers Leben. Vielleicht geschieht dies ja auch in der Beschäftigung mit klugen Avataren und AI-Love-Dolls. Hier könnten sie durchaus eine Funktion erfüllen, wenn es um das Liebesleben der Mitmenschen geht, um Fantasien und um das Aussprechen und Ausleben von exotischen Wünschen – so manchem Zeitgenossen fällt dies gegenüber einem Avatar auf dem Bildschirm oder einer AI-Sex-Doll vermutlich leichter. Und es muss ja nicht immer alles gleich einen höheren Sinn haben. Unterhaltungswert ist auch okay. Doch letztlich sollte uns bewusst sein: Diese Gestalten lieben uns nicht, selbst wenn sie uns das ins Ohr flüstern. Auch deren Erschaffer lieben uns nicht. Sie appellieren primär an unsere »niederen Instinkte« und sie lieben wohl primär unser Geld, von dem sie leben. Ist okay, sollte uns aber bewusst bleiben. Die Figuren sind vor allem big business.

Mir persönlich genügt es übrigens bereits, humanoide Roboter zu kennen, die schon heute in vielfältigen Rollen arbeiten, als Rezeptionisten, im Gesundheitsbereich, als Service- und Auskunfts-Roboter, als Sängerinnen auf der Bühne, als Expertin auf einem Diskussionspanel oder als Beraterin in einer Bank, die mit den Kunden sinnvolle Gespräche führt und selbst das viele Kleingedruckte in ihrem Computerkopf hat, das kein menschlicher Berater auswendig lernen kann. Wir werden diese Roboter mehr und mehr als unsere neuen Kollegen akzeptieren lernen. Doch vielleicht eben auch als Freundinnen, Partner oder Geliebte.

Aber kann man Maschinen lieben? Gerade diese Quasi-Perfekten, die nun in unsere Welt kommen? Die aber nur aus Bits & Bytes bestehen, aus Silikon, Metall und Festplatten?

Nicht nur weil ich in einer Beziehung lebe, scheint es mir wichtig zu sein, meinen Fokus auf den Aufbau und auf die immer wieder erneute Belebung dieser menschlichen Partnerschaft zu legen. Ich bin der festen Überzeugung, dass uns KI menschlicher machen soll, nicht roboterhafter. Dass wir uns in der »Kunst des Liebens« üben sollen, des echten Liebens, so wie es Erich Fromm bereits 1956 in seinem Klassiker so treffend beschrieben hat. Da steht dieser wichtige Satz: »In der Liebe kommt es zu dem Paradoxon, dass zwei Wesen eins werden und trotzdem zwei bleiben.«[47] Kann ich mit einem Avatar oder einem Roboter eins werden? Natürlich nicht, denn er kann ja nicht zurücklieben. Maximal kann er Gefühle simulieren. (Okay, das machen ja auch Menschen manchmal.)

Klar, es kann jeder machen, was er will. Es muss aber die Frage erlaubt sein, ob wir als Gesellschaft, wenn wir unsere Empfindungsfähigkeit auf Avatare und Love-Dolls richten (wobei »Love« im eigentlichen Sinn hier natürlich das falsche Wort ist), letztlich nicht in die Isolation geführt werden, in ein Vermeiden der oft anstrengenden Beziehungsarbeit zwischen Menschen. Erich Fromm brachte es in seinem Buch auf den Punkt: »Liebe ist nichts Natürliches. Es erfordert vielmehr Disziplin, Konzentration, Geduld, Glauben und die Überwindung des Narzissmus. Es ist kein Gefühl, es ist eine Übung.«[48]

Klar kann auch eine KI gewissermaßen klug sein, charmant, noch dazu wenn sie ständig mehr über mich lernt und mich schließlich besser »kennt« als ich mich selbst. Sie kann eine interessante Gesprächspartnerin für alle möglichen Themen sein. Das ist alles okay. Doch letzten Endes werden wir – bei aller Liebe zu Robotern – als Gesellschaft nur vorankommen, wenn wir Menschen uns zusammenraufen und nicht, wenn wir uns auseinanderdividieren. Und zu viel Roboter, zu viel KI, zu viel Avatar könnte uns im Zwischenmenschlichen auseinanderdriften lassen.

Aber jeder soll nach seiner eigenen Fasson glücklich werden. Und mit seinem KI-Bot nach Herzenslaune chatten. Allerdings sollte einem dabei stets bewusst sein, dass dieser Bot, dieser *robot*, nie aus Fleisch und Blut, nie ein Mensch sein wird.

Mein Arzt ist ein Algorithmus

Vermutlich ist es eines der großen Privilegien unserer Generation, ein Zeitalter zu erleben, in dem die Medizin wahre Quantensprünge macht, auch dank KI und Robotik. Wenn uns heute etwas heilig ist, dann ist es unsere Gesundheit. Kein Wunder, dass in diesen Bereich Milliarden fließen, die unser Dasein verlängern und optimieren sollen. Und heutige KI stellt in diesem Gesundheitswesen den wichtigsten Meilenstein dar und optimiert die Mensch-, Maschinen- und Mikrochips-Verschmelzung.

Dringen wir mit KI mal bis in den menschlichen Schädel vor. Vielleicht gibt es ja auch deshalb so viele medizinische Einsätze von KI im menschlichen Gehirn, weil sich diese künstliche Intelligenz dort wie zu Hause fühlt. In der Neurochirurgie wird KI längst schon in der bildgesteuerten Chirurgie eingesetzt. Es geht darum, Operateure dabei zu unterstützen, mit höchster Präzision durch komplizierte Gehirnstrukturen zu navigieren und dabei so wenig Gewebe wie möglich zu verletzen. Algorithmen des maschinellen Lernens helfen bei der Tumorsegmentierung in Echtzeit und unterstützen dann bei der Entfernung von Hirntumoren. Und KI-gestützte Diagnosetools können die schnelle Erkennung von neurologischen Erkrankungen wie etwa von Schlaganfällen verbessern, indem sie medizinische Bildgebungsdaten unmittelbar analysieren.[49]

Entsprechend erlangen KI-gesteuerte Präzisionsroboter eine Genauigkeit bei erforderlichen Eingriffen, mit denen auch die ruhigste Chirurgenhand nicht mehr konkurrieren kann.

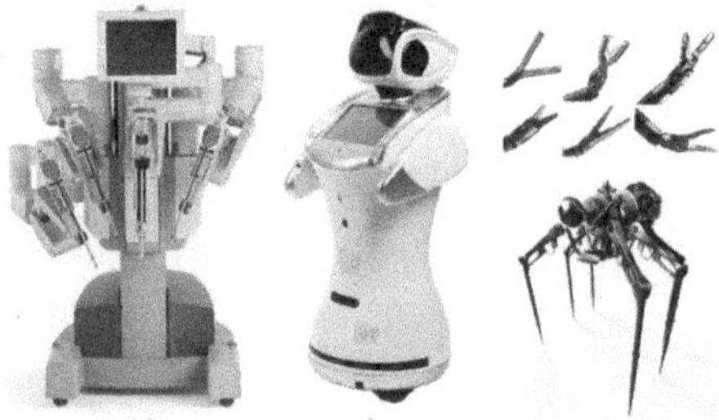

(a) (b) (c)

Operationsroboter (a) Davinci; (b) AI Robot; (c) Nanoroboter

Besonders faszinierend ist die Welt der Nanoroboter. Dies sind winzigste Maschinen im Nanobereich, oft 500 bis tausend Mal kleiner als der Durchmesser eines Haares. Diese Mini-Mini-Roboter, durch KI und Machine Learning programmiert, lernen gerade, im Blutkreislauf durch unseren Körper zu navigieren und unterschiedlichste Aufgaben zu erfüllen. Etwa Medikamente zu ganz bestimmten (Krebs-)Zellen zu transportieren. Oder beschädigtes Gewebe zu reparieren. Und sogar unsere kognitiven Fähigkeiten zu verbessern. Dabei können die vielen kleinen Nanoroboter im Körper ein intelligentes Netzwerk aufbauen, miteinander kommunizieren und gemeinsam medizinische Probleme lösen. Das klingt wie Fiction, ist Science-Fiction, wird aber gerade wahr.[50]

Ein weiterer Bereich, durch den KI den Krankheiten den Kampf ansagt, ist Predictive Analytics. Durch die Auswertung großer Datenmengen erkennt KI klare Muster und kann dadurch etwa mit großer Wahrscheinlichkeit den Krankheitsverlauf vorhersagen oder durch Zusammenführung aller Sensor- und Medizindaten während einer Operation recht genau voraussagen, ob und wann der Patient in einen kritischen Zustand kommt.[51]

Auch bei Rehabilitationsprogrammen und als persönlicher Gesundheitscoach können KI-Datenanalysen klare Gesundheitsmaßnahmen empfehlen wie etwa optimierte Ernährungs-, Bewegungs- oder Fitnesspläne. Und dann gibt es natürlich auch in der Medizin smarte neue Geräte, die angetreten sind, Gesundheit, Schlaf und Lebensdauer zu optimieren. Ein Ring am Finger misst über zwanzig Körperwerte und hilft über eine App am Smartphone, angemessen darauf zu reagieren, etwa um den Stresslevel zu senken oder den Schlaf zu verbessern. Wir kennen das: Es gibt Tage, an denen wir fit wie ein Turnschuh aus dem Bett springen, und andere, an denen wir uns wie gerädert fühlen. Vielleicht auch deswegen, weil der Wecker gerade in einer REM-Tiefschlaf-Phase zugeschlagen hat. Hier könnte z. B. der Ring von Oura dabei helfen, genau zur richtigen Zeit geweckt zu werden. »Tune in to what your body is telling you«, ist die Aufforderung von Oura. Natürlich hilft dieser Ring auch dabei, sich anbahnende Krankheiten schon in einem frühen Stadium zu entdecken.

Wenn man also schon vor lauter Fitness keine Zeit für Partnerschaften, Hochzeit und Ring am Finger findet, dann wenigstens den KI-Tracker als Zeichen, mit sich selbst und seiner Gesundheit tief liiert zu sein. *Why not*? »Feel the magic of selfcare«, heißt ein Slogan. Alles KI. Selbst bei dem, was man sich um den Finger wickelt.

Die gute Nachricht: Diese Firma kommt zur Abwechslung mal nicht aus dem Silicon Valley, sondern aus Europa, genauer: aus Finnland, und gibt an, ihren Ring bereits mehr als eine Million mal verkauft zu haben. Er kostet – je nach Material – ca. 300 bis tausend US-Dollar zuzüglich sechs US-Dollar monatlich für das Software-Abo.

Das ist doch ein kleiner Preis, wenn man dafür sein Leben um 800 Jahre verlängern kann. Wie ich auf 800 Jahre komme? Nun, kürzlich stand ich in München erstaunt vor einem Wahlplakat. Die Zahl 800 war mir ins Auge gesprungen. »Wo willst Du in 800 Jahren leben?« lautete die Frage auf diesem Plakat. Und kleingedruckt dann diese Information: Es gilt, nur die nächsten Jahrzehnte zu überleben, um schließlich in den Genuss der medizinischen Forschung zu kommen, welche dann »die Schäden des Alterns repariert, und mit der Menschen tausende Jahre gesund leben können«. Dies behauptet die Partei für schulmedizinische Verjüngungsforschung. Das ist kein Aprilscherz.

Natürlich wird in diesem lukrativen Feld der Verjüngungsmedizin stark mit KI geforscht. Aber warum ich dieses Beispiel erwähne: Dieses Wahlplakat, so provokant es auch sein mag, ließ mich wieder einmal »out of the box« denken. Es half mir, mich nicht über die Erfahrungen von gestern zu definieren, sondern über die Möglichkeiten von morgen. KI kann uns in eine Welt führen, die in vielen Bereichen unsere bisherigen Annahmen auf den Kopf stellt. Das ist meine tiefste Überzeugung: Ja, eine andere Welt ist möglich. Nämlich dann, wenn wir uns selbst und unsere Welt neu denken – mit menschlicher und Künstlicher Intelligenz zugleich. Wo also wollen wir uns in 800 Jahren treffen und uns zurückerinnern an die gute, aber auch an die schlechte alte Zeit?

»KI macht Fortschritte, und zwar superschnell.« Interview mit Dr. Ben Goertzel

Dr. Ben Goertzel (geboren 1966 in Rio de Janeiro) ist ein amerikanischer KI-Pionier und -Forscher, der das Thema vielfältig vorantreibt: Er ist Gründer und CEO von SingularityNET, einem offenen und dezentralen Netzwerk von auf Blockchain basierenden KI-Services in unterschiedlichsten Bereichen: von Robotik bis Biotech, von Medien bis Entertainment, von Finanz- bis Unternehmens-KI. Er initiierte aber auch die OpenCog Foundation, Humanity+ und eine Reihe weiterer Non-Profit-Organisationen.

Dieses Interview führte ich mit Ben Goertzel auf der Konferenz AI for Good Global Summit 2023 der Vereinten Nationen/

ITU in Genf. Auf dieser gab es unter anderem eine Pressekonferenz mit neun Robotern, von denen zwei von Ben Goertzel bzw. seinen Unternehmen kamen.

Christoph Santner:
Ist es nicht so mit KI und Robotik: Die Amerikaner machen die Profite, die Chinesen den KI-Staat, und wir in Europa, wir machen uns Sorgen?

Ben Goertzel:
Es sind hier auf der Konferenz nicht so viele asiatische Roboter zu sehen, mit Ausnahme von Hiroshi Ishiguros *Geminoid* aus Japan. Ich habe ja zehn Jahre in Hongkong gelebt und kann sagen: Die Asiaten lieben ihre Roboter. Sie sind überzeugt, dass sie unsere Freunde sein werden und uns helfen. Im Westen, auch in den USA, glaubt man ja eher an den Terminator. Also dass er uns umbringen wird. Und uns die Jobs wegnimmt. Hier gibt es eine ziemliche Paranoia in Bezug auf KI.

CS:
Wir sprechen hier ja über »AI for Good«. War es für Sie als einen der »Godfathers« dieser Roboter ein historischer Tag, gleich neun humanoide Roboter eine Pressekonferenz geben zu lassen?

BG:
Einerseits ist es natürlich cool, die Roboter auf den Stand gebracht zu haben, dass sie den Medien plausible Antworten geben können. Cool, dass sich die Technik so ent-

wickelt hat. Aber es hat mich heute auch erstaunt, dass die Roboter nicht im interessantesten Modus geantwortet haben, den sie draufhaben. Sie waren ziemlich *politically correct*. So als wüssten sie, was von ihnen erwartet wird. Sie können eigentlich noch viel interessantere und kreativere Ding sagen.

CS:
Wie politically correct sie antworten, hängt also vom Kontext ab?

BG:
Das Sprachmodell hinter ihnen weiß, was in welchem sozialen Kontext erwartet wird. Und es ist gut, dass die Roboter diese Art von Intuition haben.

CS:
Lassen Sie uns über die exponentielle Beschleunigungskurve aufgrund der wachsenden Computerpower sprechen. Was werden wir in den nächsten zehn Jahren diesbezüglich erleben?

BG:
Ray Kurzweil, der das Buch *The Singularity is Near* geschrieben hat, ist ja ein durchaus vernünftiger Freund von mir. Er glaubt, dass wir AGI, also wirkliche Artificial General Intelligence rund um 2029 erreicht haben werden. Alles danach ist dann weit, weit jenseits menschlicher Intelligenz. Das wird dann die sogenannte Superhuman General Intelligence sein. Wir sind also schon ziemlich

nah dran. Und wir sind nicht annähernd darauf vorbereitet.

Ich bin ein großer Optimist. Aber was geschieht, wenn KI dann zwei, drei, fünf Mal so klug ist wie die smartesten Menschen? Wir haben dann etwas kreiert, das viel intelligenter und fähiger sein wird als wir. Aber auch wenn wir ihnen dann als inkompetente Schöpfer erscheinen, sind wir doch ihre Eltern.

Es braucht ja eigentlich nicht viel Anstrengung für eine KI, das menschliche Leben um vieles besser zu machen. KI könnte uns zum Beispiel helfen, Chips zu designen, die wir uns ins Gehirn pflanzen, um uns selbst in virtuelle Realitäten upzuloaden, warum nicht? Und ich bin optimistisch, dass KI eine moralische Agenda haben wird und Empathie gegenüber uns Menschen.

CS:
Wenn wir wie hier auf der Konferenz von »AI for Good« sprechen und doch daran glauben, dass sich insgesamt unsere Gesellschaft in eine gute Richtung entwickeln kann, wie sieht dann eine Welt mit Superintelligenz aus?

BG:
Ich denke wir werden ein universelles Grundeinkommen haben, in der einen oder anderen Form. Es kann schon sein, dass es politische Unruhen gibt, aber nicht einmal in den USA kann man es sich leisten, die Hälfte der Bevölkerung obdachlos auf der Straße leben zu lassen. Mehr Sorgen mache ich mir da bezüglich der Entwicklungsländer. Da wird es ein geopolitisches Durcheinander zwischen

China, den USA und Russland geben, wer das Geld für das universale Grundeinkommen bereitstellt im Austausch gegen Kontrolle z. B. über die Ressourcen.

CS:
Was wir heute erleben mit KI und diesen Robotern in unserer Gesellschaft, das ist doch ein echter Gamechanger.

BG:
Ja, ChatGPT war sicherlich so ein »Black Swan« (Anglizismus für »unerwartetes Ereignis«). Erstmals benutzen nun gewöhnliche Menschen KI und erkennen: Das ist richtig smart. Jeder kann jetzt den großen kulturellen Unterschied sehen.

Ich bin ja ursprünglich Mathematiker. Und dass KI jetzt hilft, mathematische Theoreme zu beweisen, in kurzer Zeit – wow! Ich spreche hier nicht von sprachlichem Bullshit, sondern von mathematischen Theoremen. Jeder kann jetzt die Power dieser Systeme sehen. Das ist wirklich transformativ. Bisher haben diese Programme weitgehend recycelt, was man ihnen vorher eingefüttert hatte. Aber jetzt kommen wir näher und näher an echte menschliche Intelligenz. Die KI macht Fortschritte, und zwar superschnell!

Die Erfindung der schönen neuen Welt

KI-Hardware

Während im Zusammenspiel von KI und Robotik neue Gerätschaften entwickelt und bestehende geboostert werden, zieht die rasante Fortentwicklung der Artifiziellen Intelligenz auch eine ganz neue Hardware-Kategorie nach sich: Geräte, mit denen es möglich ist, so intuitiv, einfach und smart wie möglich mit KI zu kommunizieren, als wäre sie ein (fast) allwissender Mensch, ein Compagnon, ein treuer Begleiter, ein Experte in jedem Gebiet – und als solcher stets bei der Hand.

Und vielleicht bald nicht mehr nur zur Hand, sondern direkt in unserem Kopf. 2016 gründete Elon Musk die Firma Neuralink. Die Idee dahinter ist, Elektroden ins Gehirn einzubringen, um damit eine direkte Kommunikation zwischen Computer und Gehirn zu ermöglichen. Zukunftsmusik? Vielleicht. Aber das waren Flugzeuge, Mond- und Marsraketen, Smartphones und Internet ja auch einmal. Also genau diejenigen Dinge, die heute täglich im Einsatz sind, und die früheren Generationen wie Magie erschienen wären und die sie sich seinerzeit nicht hätten vorstellen können.

Tatsächlich kommt die Zukunft mit großen Schritten auf uns zu. Im Februar 2024 ließ Elon Musk verlautbaren, dass es Neuralink zum ersten Mal gelungen sei, einen Computerchip einem Menschen als Hirnimplantat einzusetzen. Nach eigenen Angaben ist es dem Patienten, einem 29-Jährigen, der infolge eines Unfalls querschnittsgelähmt ist, mittlerweile möglich, seine Computermaus nur mit Hirnanstrengung zu bewegen. Mit als Erstes nutze er diese neu erworbene Fähigkeiten, um nächtelang Computer-Schach und acht Stunden am Stück den Strategiespiel-Klassiker Civilization zu spielen.[52]

Zwar wird es noch etwas dauern, bis wir alle unseren Chip im Kopf haben – im Mai 2024 musste Neuralink einräumen, dass es beim ersten Patienten infolge einer Ablösung der Elektroden zu Problemen mit der Genauigkeit gekommen war –, aber auch jetzt ist es schon nicht mehr nötig, ständig das Smartphone in der Hand zu halten. Sicher, wir haben uns daran gewöhnt und so setzt es sich mehr und mehr durch, eine KI wie ChatGPT-4 auf dem Handy installiert zu haben, und dann eine Stimme auszuwählen, die mir all die gewünschten Infos ins Ohr flüstert. Natürlich kann ich mir auf dem Screen auch Dinge anzeigen lassen, die ich suche, oder mir rein auf Sprachbefehl hin ein Bild erstellen lassen, das in wenigen Sekunden vor mir erscheint.

Aber die Eingabegeräte werden immer kleiner und unauffälliger. Da gibt es jetzt etwa den Wizpr Ring, den man wie jeden anderen Ring am Finger trägt und mit dem man wispern, also flüstern kann. Er aktiviert sich automatisch, wenn man ihn zum Mund führt, und sendet seine Antworten in den drahtlosen Kopfhörer. Der Ring kommt von der koreanischen Firma vtouch.io und wirbt damit, dass er »dein digitaler Psychologe ist, dein Kunst-Kurator, dein Reiseplaner und vieles mehr. Egal, ob du die Wettervorhersage besprechen willst, einen Witz hören möchtest oder ein offenes Ohr für deine Probleme brauchst.« Und natürlich kann man über ihn auch seine Smart-Home-Geräte steuern.

Was einige vielleicht befremden mag, begeistert andere ganz offensichtlich. Denn auf der Crowdfunding-Plattform Kickstarter, die kreativen Projekten hilft, von einer breiten Öffentlichkeit Startkapital für innovative Ideen zu erhalten, hatte das Projekt die angepeilte Fundingsumme von rund 9500 Euro bereits nach einem Tag eingespielt – allein durch Vorbestellungen von Menschen, die diesen Ring haben möchten.

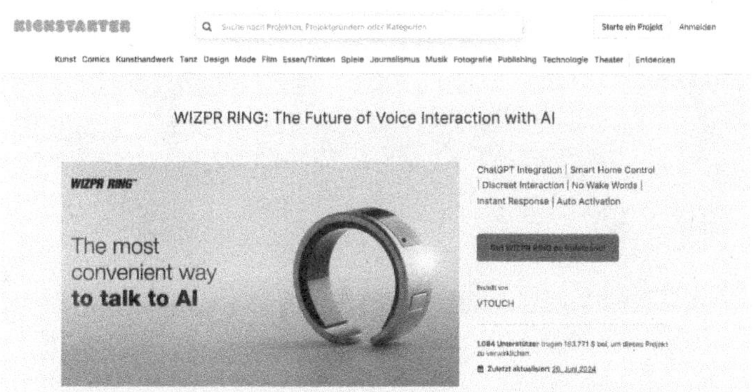

Übrigens: Gebe ich bei Kickstarter (»Ein kreatives Projekt Wirklichkeit werden lassen!«) das Suchwort AI ein, dann kommen 1302 KI-Projekte, die sich um ein Funding bewerben. Vom Kochassistenten über eine KI-App, die verspricht, deine Jobsuche zu automatisieren, bis zu einem kleinen Desktop-Roboter mit Smartphone-Gesicht und »mit Persönlichkeit – dein unterhaltsamster und intimster Begleiter«. Es war noch nie so leicht wie heute, neue Ideen finanziert zu bekommen und real umzusetzen.

Was auch gerade für Schlagzeilen sorgt, ist ein neues KI-Gerät, das angetreten ist, das Smartphone abzulösen, zumindest in vielen Bereichen. Es nennt sich Rabbit, ist quietschorange, intuitiv zu bedienen und behauptet, statt eines Large Language Models (LLM) ein Large ACTION Model eingebaut zu haben, das auf reinen Sprachbefehl hin sofort Befehle ausführt.

Neben dem allgegenwärtigen Sprach-Companion verspricht das amerikanische Start-up, dass das Gerät sofort Aktionen ausführt wie direkte Sprachübersetzungen, KI-Kommunikation über alle Themen, Reiseauskünfte, Reservierungen oder Einkäufe. Gut, das können tendenziell auch die Assistenten Alexa von Amazon, Siri von Apple und der Google Assistant, mit denen man sich über die eigene Stimme wie mit einem anderen Menschen unterhält, der im smarten Lautsprecher zu wohnen scheint.

Und natürlich rüsten diese drei Giganten in Sachen KI stark auf, vor allem in den Bereichen Stimmenerkennung, Verständnis natürlicher Sprache und maschinellem Lernen. Ob Musik- oder Video-Playlists, Fitnesstraining, Reiseplanung, Wetter, Tagespläne oder Kochrezepte – diese Basics haben mittlerweile alle Systeme gut drauf. Man kann E-Mails, To-do-Listen oder Termine diktieren, an die man rechtzeitig erinnert werden will. Diese Assistenten dienen als Informationsquelle wenn es um Nachrichten geht, lesen Bücher vor, steuern – falls vorhanden – das Smart Home oder agieren als eine Art digitale Sekretärin. Und wer einen Account bei Amazon eingerichtet hat, kann natürlich gleich über die Sprachsteuerung von Alexa im Amazon-Shop kaufen, was das Herz begehrt und die Kreditkarte aushält.

All diese Funktionen erachten die Anbieter auch als nötig, denn die neue KIs von ChatGPT & Co. entwickeln sich rasant und laufen den drei ursprünglichen Platzhirschen mehr und mehr den Rang ab. Alexa hat eine breite Palette an Skills von Drittanbietern integriert, während sich Apples Siri und der Google Assistant auf eigene Entwicklungen verlassen, unter anderem – so heißt es zumindest – um eine höhere Datensicherheit zu gewährleisten. Das Wettrennen läuft also. Dabei geht die neue KI mehr und mehr in Führung. Denn die drei Veteranen, seit Jahren am Markt, haben sich zu wenig weiterentwickelt. Nicht ohne Grund titelte die *New York Times* schon im März 2023: »Wie Siri, Alexa und Google Assistant das KI-Rennen verloren haben.«[53]

Ich bin gespannt, wie lange ChatGPT die momentane Pole-Position halten kann. Denn KI ist stets für Überraschungen gut. Noch dazu, wenn sie sich anschickt, immer weniger Platz in der Hardware zu brauchen, sodass sie sich etwa in Brillen breitmacht wie in »Frame« von Brilliant Labs. Oder in den »Smart Glasses« von Ray-Ban, die gemeinsam mit Meta (Facebook) entwickelt wurden, und die nicht nur KI integriert haben, sondern auch eine Video- und Foto-Kamera, ein Mikrofon und Mini-Lautsprecher. Zu erwähnen ist auch das jüngste Smartphone von Samsung, das Galaxy S24, das sich als wahres »AI-phone« entpuppt, mit vielen eingebauten KI-Features wie etwa »Click to search«, bei dem man nur mit dem Finger auf dem Handy-Screen einen Ort oder ein Produkt einkreisen muss, um sofort die entsprechende Information zu erhalten; oder mit Live-Übersetzung in beide Richtungen, sodass sich z. B. ein Koreaner mit einem Amerikaner unterhalten kann, ohne dass einer von ihnen die Sprache des anderen beherrschen müsste; oder mit Sofort-Transkription und Übersetzung von Voice-Memos.[54]

Immer wieder überraschen neue kraftvolle KI-Prozessoren – also die unverzichtbaren Hardware-Brains, die speziell für Large Language Models benötigt werden – die in einem Hunderte Milliarden schweren, stark umkämpften Markt plötzlich von einem Außenseiter wie Groq in bester Qualität hergestellt werden und dabei besser abschneiden als vergleichbare Chips des Marktführers Nvidia.[55]

Groq (nicht zu verwechseln mit Grok, der KI von Elon Musk bzw. Twitter/X) ist ein vergleichsweise kleines Unternehmen, das gerade in einer Finanzierungsrunde rund 300 Millionen US-Dollar erhielt. Und Nvidia? Noch nie gehört? Zumindest Gamern dürfte die Firma als Hersteller von Grafikkarten bekannt sein. Was viele aber nicht wissen: Nvidia ist auch Marktführer bei KI-Chips – und als solcher mittlerweile wertvoller als Amazon, Meta/Facebook oder Google/Alphabet. Unglaublich, aber wahr: Anfang April 2024 ist Nvidia nach Marktkapitalisierung das drittwertvollste Unternehmen der Welt, gleich nach Microsoft und Apple. Nvidia hat eine unglaubliche Bewertung von rund 2,2 Billionen US-Dollar. Und nein, dies ist kein Übersetzungsfehler, denn ich weiß natürlich, dass die »deutsche« Milliarde in den USA eine »Billion« genannt wird. Wir sprechen hier aber tatsächlich von »deutschen« Billionen, also von englischen »Trillions«. Das sind also rund 2 200 Milliarden US-Dollar. Richtig gelesen: zweitausendundzweihundert Milliarden US-Dollar (!).[56]

Kapital treibt KI voran. Wie gesagt: Noch halten sich Apple und Microsoft auf den ersten Plätzen. Aber die Dinge überschlagen sich ständig in der schönen neuen Welt der KI – und im Kosmos der fAInance. So wie damals der Siegeszug des Internets junge Start-ups nach oben katapultierte, so geschieht es heute mit den vergleichsweise jungen KI-Firmen. Die Karten werden wieder mal neu gemischt. Ob wir Menschen mit dieser rapiden Entwicklung Schritt halten können?

Es sieht jedenfalls so aus als würde gerade mit viel Kapital nach dem *next big thing* gesucht, das nach dem Smartphone kommt. So hat sich etwa OpenAI-CEO Sam Altman unlängst mit dem langjährigen Apple-Chefdesigner Jony Ive zusammengetan, um eine AI-Hardware zu bauen, ein Device, das keinen Screen mehr hat. Für dieses Start-up-Projekt verhandeln die beiden angeblich gerade über ein Investment von einer Milliarde (!) US-Dollar. Ein Produkt, das in diese Richtung geht, gibt es bereits: Den streichholzschachtelgroßen Assistenten Ai Pin von der Firma Humane, den man sich ans Hemd clippen kann, um jederzeit mit ihm sprechen zu können. Das Gerät hat keinen Screen, dafür einen eingebauten Mini-Beamer, mit dem man die Antworten, falls man sie nicht hören, sondern sehen will, auf seine Handfläche, ein Blatt Papier oder auf die nächste Wand projiziert. Man kann dieses Ding schon käuflich erwerben, es wird für ca. 700 US-Dollar angeboten. Kritiker, die das Gerät testen konnten, sind allerdings nicht besonders begeistert. Vieles steckt noch in den Kinderschuhen, die sich aber schnell zu Siebenmeilenstiefeln entwickeln können.

Und vielleicht werden wir in Zukunft auch gar kein Gerät mehr in den Händen halten, sondern ihm ins Gesicht blicken. Denn die neuen KI-Assistenten werden von immer mehr Menschen in Roboterköpfe hochgeladen, die dann mehr und mehr den Eindruck erwecken, dass ich mit einer künstlichen Person direkt spreche. Das flexible Gesicht von Furhat Robotics aus Stockholm habe ich bereits erwähnt und selbst getestet. Ähnlich funktioniert auch WEHEAD. Auf den etwas seltsam anmutenden Screen in Kopfform projiziere ich ein Gesicht meiner Wahl, das ich meinem Assistenten geben will, stelle dieses Gebilde auf den Schreibtisch, und dann spreche ich über das eingebaute Mikro mit diesem Apparat wie mit jedem anderen Menschen. So werden wir uns langsam, aber sicher daran gewöhnen, mit künstlichen Wesen zu interagieren, die uns aber sehr menschlich erscheinen. Knappe 5000 US-Dollar kostet der Spaß. Wie man in Bayern sagt: Für den, der's mog, des Höchste.

KI kostet – doch was macht sie mit dem Finanzsystem?

Zumindest meine BoomBoomBoomer-Generation erinnert sich noch an eine Welt vor dem Computer, mit Schreibmaschinen und Postämtern, in denen wir Briefmarken kauften. Das war auch eine Welt vor Kreditkarten, vor dem Euro, vor Online-Banking und vor Kryptowährungen sowieso.

Welche Transformationen wird nun KI bringen? Ein insgesamt intelligenteres Finanzsystem? Denn besonders begabt ist dieses ja nicht – siehe Inflation, Bankencrashs, Immobilienblasen, Währungskrisen, Staatsverschuldung etc.

Ich musste kürzlich aufmerken, als ich den umstrittenen Elon Musk sprechen hörte. Er ist zurzeit einer der reichsten Menschen der Welt mit ca. 220 (!) Milliarden US-Dollar. Dann muss er in Sachen Geld ja das eine oder andere richtig gemacht haben. Zum Beispiel, dass er im Jahr 2000 den Bezahldienst PayPal mitgegründet hatte.

Deshalb horchte ich auf, als er bald nach der Übernahme von Twitter (jetzt: X) verkündete, er wolle die Plattform in ein neuartiges Finanzsystem umwandeln, sodass man danach gar keine Banken mehr brauche. Geld zu überweisen solle so einfach werden wie auf Twitter (jetzt: X) oder irgendwo in Social Media ein Foto weiterzusenden oder zu posten. »Da hat er wirklich recht«, dachte ich sofort. Denn aus seiner Sicht wäre das ja megaklug, die Daten und das Wissen über die X- bzw. Twitter-User zu haben und schon vorab zu wissen, wer jetzt einen Kredit benötigt oder wer nun mit dem vielen Geld auf dem Konto bald mal eine Investition oder einen Aktienkauf tätigen will. Angewandte KI eben, Predictive Analytics, »fAInance at work«, wie ich das nenne.

Noch wichtiger scheint mir aber, dass wir das realisieren, was ich in Anlehnung an das Motto »AI for Good« der Vereinten Nationen gerne »fAInance for Good« nennen. Denn genau darum geht es jetzt: Dass wir ein nicht nur künstlich, sondern auch real ein intelligentes Finanzsystem aufbauen. Ich bin sicher, dass es hier noch große Disruptionen geben wird. Dazu gehört u. a., dass wir in Anbetracht der Wertschöpfung, die Roboter und KI erarbeiten, gezwungen sein werden, ein *Basic Global Income* einzuführen, so etwas wie ein (fast) Bedingungsloses Grundeinkommen.

Ich selbst durfte 2024 gleich zwei Veranstaltungen zu diesem Thema gestalten: Einerseits einen KI-Tag zum Thema »fAInance for Good« im Rahmen der DigiSustain-Konferenenz in Frankfurt am Main, und andererseits ein Panel der Vereinten Nationen in Genf im Rahmen des World Summit of the Information Society. Das freut mich sehr, denn ich finde es wichtig, dass nicht nur Banker und Wirtschaftsprofessoren über dieses Thema nach- und vordenken, sondern jeder Mensch, der mit Geld zu tun hat. Also wir alle. Denn es ist höchste Zeit, ein besseres Finanzsystem aufzubauen. Ohne KI wird das nicht möglich sein im Dschungel des Raubtierkapitalismus. Was werden wir in 800 Jahren haben? Vermutlich ein hyperintelligentes monetäres System – wenn wir uns dann nicht gerade wieder zurück in die Steinzeit katapultieren und wir nochmals bei null anfangen müssen. Ich persönlich glaube an die Intelligenz des Homo sapiens, bis das Gegenteil bewiesen ist.

Nur noch schnell die Welt retten

KI und echte Nachhaltigkeit – das ist das neue Power-Couple, das es verdient, im Rampenlicht zu stehen. Ich denke, dass die KI eine unserer letzten Chancen ist, die Entwicklungen doch noch in den Griff zu bekommen, die auf unserem Planeten gerade aus dem Ruder laufen. Und Gott sei Dank gibt es da eine große Menge junger und auch schon älterer Start-ups, die genau daran arbeiten, mit KI die Probleme an der Wurzel anzupacken. Es macht mir riesige Freude, diese erleben zu dürfen mit ihren kreativen, mutigen und hoffentlich auch gewinnbringenden Lösungen. Ein paar von ihnen möchte ich hier aufzählen, und dann auf www.allesKI.com vertiefen. Denn diese jungen Initiativen sind der beste Beweis dafür, dass eine ganze Generation mit KI gerade sehr, sehr intelligent und zugleich auch aktiv wird. Für die gute Sache. Sie wollen nicht länger Teil des Problems sein, sondern Teil der Lösung. Das ist doch was, stimmt's?

ZINDI Africa – Diese Organisation, gegründet in Kapstadt, vereint mehrere Tausend junge afrikanische Informatiker und KI-Experten, um die Probleme ihres Kontinents selbst mit KI anzupacken. Dies geschieht durch »Challenges«, die sie gemeinsam lösen. Soll heißen: Jemand lobt eine Challenge aus mit einem kleinen Preisgeld, um z. B. die Luftverschmutzung oder das Verkehrsproblem von Lagos in Nigeria zu lösen. Und schon beginnen Hunderte Informatiker, an KI-Lösungen zu arbeiten. 🌐 zindi.africa

Therabot – Tiertherapie mit einem flauschigen Roboter-Hündchen, das KI-schlau ist: Eine Unterstützung in der Behandlung

von Patienten, die unter Posttraumatischer Belastungsstörung leiden. Ein Projekt der Mississippi State University.
🌐 https://mytherabot.com/

OceanMind – Eine Organisation, die KI-Technologie nutzt, um illegale Fischerei und Umweltverschmutzung auf hoher See zu bekämpfen.
🌐 www.oceanmind.global/

WeRobotics – Eine Organisation, die Drohnen und KI-Technologie nutzt, um in ländlichen Gebieten schnelle Lieferungen von medizinischen Versorgungsmitteln und anderen wichtigen Gütern zu ermöglichen.
🌐 werobotics.org

Solar Foods – Ein finnisches Unternehmen, das revolutionäre KI-Technologie einsetzt, um Proteine und Nahrungsmittel aus CO_2 und Sonnenlicht herzustellen.
🌐 solarfoods.fi

PlanBlue – Eine junge Firma, die Unterwasserdrohnen und KI-Technologie verwendet, um die Ozeane zu überwachen und Umweltprobleme wie Plastikverschmutzung zu bekämpfen.
🌐 planblue.com

Greenpocket – Ein Kölner Unternehmen, das KI-Technologie nutzt, um Energieversorgern und Verbrauchern dabei zu helfen, ihren Energieverbrauch zu optimieren und somit Energiekosten und CO_2-Emissionen zu reduzieren.
🌐 www.greenpocket.de

ClimateAI – Ein Start-up, das KI-Technologie einsetzt, um Risiken im Zusammenhang mit dem Klimawandel zu quantifizieren und zu bewerten.
🌐 www.climate.ai

Orbital Insight – Eine Firma, die KI-basierte Satellitenbilder verwendet, um Umwelt- und Infrastrukturprobleme auf der ganzen Welt zu identifizieren und zu überwachen.
🌐 www.orbitalinsight.com

Ifesca – Ein deutsches Start-up, das mittels KI den laufenden Ausgleich zwischen Stromverbrauch, Spitzenlast und Produktionsmaximum ermöglicht. Das bietet große Einsparpotenziale für Produktionsunternehmen, Energiehändler, Netzbetreiber sowie Lieferanten und Vertrieb – und dient damit dem Klima.
🌐 www.ifesca.de

OroraTech – ein Münchner Unternehmen, das mit Mini-Satelliten, Infrarotsensoren und KI weltweit Waldbrände im Frühstadium erkennt (»Thermal Intelligence«), damit diese bekämpft werden können, noch bevor sie große Schäden anrichten.
🌐 https://ororatech.com/

Bekanntlich gibt es nichts Gutes, außer man tut es. Diese jungen Changemakers machen ganz einfach einen Unterschied – mit KI und dem festen Glauben daran, dass diese für uns Lösungsschlüssel generiert zu Problemen, deren Türen bisher verschlossen waren.

Epilog: Wir sind die klügeren Steinzeitmenschen

Die gute Nachricht – und es gibt keine schlechte: Wir sind die Nachkommen derer, die sich immer wieder clever auf neue Situationen einstellen konnten. Die anderen sind ausgestorben. Aber unsere Vorfahren haben sich mehr auf die Chancen konzentriert als auf die Gefahren, sonst wären sie auf der Strecke geblieben.

Gehen wir 33 000 Jahre in die Vergangenheit. Spätestens zu dieser Zeit lernten wir, das Feuer zu beherrschen. Einer unserer klugen Vorfahren kam eines schönen Tages oder in einer schönen Nacht auf die geniale Idee, zwei Feuersteine zusammenzuschlagen, und mit den Funken, die dadurch entstanden, Feuer zu machen. Stell dir das mal vor: Das erste Feuer in der dunklen, kalten Steinzeithöhle! »Schaut, wie wunderbar! Dieses Feuer gibt uns Licht in der Nacht. Es gibt uns Wärme im Winter! Und wir können sogar darauf kochen, Fleisch braten und Kräutertee aufbrühen. Ist das nicht fantastisch?« Unsere Vorfahren stimmten ihm zu, und das Leben wurde leichter, wärmer, heller und die Menschen satter.

Doch es gab andere Steinzeitmenschen. Einer von ihnen hielt seine Hand in die Flammen und schrie laut auf: »Das ist gefährlich! Das tut weh und verletzt! Wenn sich das Feuer ausbreitet, kann es alles verbrennen, was wir haben! Ich werde es für immer verbieten, denn die Flammen werden uns alle vernichten.« Und schon hatten sich zwei Parteien gebildet, pro und contra.

Sie teilten sich auf zwei Höhlen auf. Die eine blieb kalt und dunkel wie bisher. In der anderen bauten sie einen Steinkreis um das Feuer, um es einzudämmen. Sie installierten in der Nacht Feuerwachen, damit es kein Unglück geben konnte. Und sie entwickelten neue Berufe: Forstarbeiterinnen, die das Holz holten. Köche, die nun leckere Nahrung zubereiteten, die bekömmlicher und einfacher zu kauen war. Und Geschichtenerzählerinnen, die abends am Feuer die spannendsten Erzählungen erfanden und dadurch die Gemeinschaft stärkten. Später kamen noch Töpferinnen hinzu, die ihre Gefäße im Feuer brannten, Ofenbauer, Schmiedinnen, Köhler und Jägerinnen, die Teile der erlegten Tiere räucherten und dadurch haltbar machten. So hatte das Feuer das Leben grundsätzlich zum Guten verändert. Mit den Gefahren lernte man umzugehen. Und die Höhle der Feuerverweigerer wurde immer leerer, denn die meisten gingen schließlich doch hinüber zu den Feurigen. Der skeptische Rest, der in der dunklen Höhle blieb, geriet schnell ins Hintertreffen, ins steinzeitliche Abseits, und ist wohl irgendwann ausgestorben.

Wie viele Menschen verzichten heute auf Elektrizität? Auch Stromschläge haben schon Menschen verletzt und getötet. Aber auch hier hat sich eine durchaus gefährliche Technik durchgesetzt. Eine moderne Gesellschaft ohne Strom ist heute nicht mehr denkbar. Genauso wie Feuer, Elektrizität, Computer und Smartphones die Welt verändert haben, genauso wird dies auch Künstliche Intelligenz tun. Nur schneller und profunder als die eben genannten Erfindungen. Ich persönlich habe kein Problem damit, wenn Menschen vor den Gefahren Künstlicher Intelligenz warnen. Teils geschieht das durchaus zu Recht. Doch das Zurückhalten von neuer Technologie hier in Europa, während sie in anderen Teilen der Welt floriert und gepusht wird, ist meines Erachtens ein Frevel, ja ein Verbrechen an der nächsten Generation, die gezwungen wird, in der halbdunklen, halb kalten Höhle zu sitzen.

Deshalb freut es mich, dass du dir die Zeit genommen hast, dieses Buch zu lesen. Und ich hoffe, dass dies nur der Anfang deiner KI-Reise ist, die erste Etappe. Denn auch für mich ist »Alles KI?« nur ein Meilenstein auf meiner Exkursion ins MorgenLand. Ein wichtiger allerdings, der auch vom Echo geprägt sein wird, das ich nun erhalte. Ich freue mich, wenn du mir auf www.allesKI.com eine Nachricht hinterlässt mit deinen Erfahrungen und Eindrücken. Denn KI ist vor allem eines: Genau das, was wir Menschen GEMEINSAM daraus machen.

Für mich ist KI sicherlich nicht alles. Aber künftig ist alles ohne KI zwar nicht nichts – aber vermutlich weniger intelligent, weniger aufregend, weniger tiefgründig, weniger erhellend als es mit KI sein wird. Für mich geht es hier um ein Thema, das sich seit meiner Kindheit durchzieht. Es ist ein Stück wahr gewordene Science-Fiction. Vieles von dem, was ich in den Filmen meiner Jugend als Utopie sah, ist plötzlich real. Und wenn KI schon real ist, dann ist noch eine ganz andere Welt möglich, die wir aufbauen können.

Zumindest in diesem Punkt bin ich ganz bei OpenAI-Gründer Sam Altman. Er sagt, dass AGI (Artificial General Intelligence) »die machtvollste Technologie sein wird, die von Menschen je erfunden wurde«. Auch deshalb, weil Intelligenz dadurch global zugänglich wird, bei fallenden Kosten für zusätzliche Brain-Power, während die Qualität laufend steigt. »Es ist die Welt, die uns Science-Fiction seit langer Zeit versprochen hat [...] und das wird zu unglaublichen neuen Dingen führen.«[57]

Natürlich ist das zum Teil auch Eigen-PR von Sam Altman. Aber ich pflichte ihm prinzipiell bei. Es geht um viel. Historisch gesehen können wir fantastisch anmutende Dinge erreichen, die ich teils in den einzelnen Kapiteln beschrieben habe, und die ich teils in meiner Vorstellung mit mir trage.

Kleines Beispiel gefällig? Knapp vor der Jahrtausendwende war ich eingeladen, im »Initiativkreis Zukunft« des damaligen deutschen Bundespräsidenten Roman Herzog mitzuwirken. Das war derjenige mit der berühmten »Ruck«-Rede, mit der er 1997 Innovation, Veränderungsbereitschaft und Eigenverantwortung anmahnte. In diesem Kreis kreierten wir dann etwa den Deutschen Zukunftspreis und ähnliche Initiativen, die den Ruck unterstützen sollten.

In diesem Kontext kam dann Ende 1999 die ZEIT auf mich zu und wollte ein Statement für eine Reportage über das Jahr 3000. Es ging darum, welche visionäre Erfindung ich mir für den Jahreswechsel in tausend Jahren wünschen würde. Das war eine Herausforderung an meine Fantasie. Was könnte ich mir vorstellen, was es erst so viele Jahrhunderte nach mir geben würde? Ein echter Wunsch, den ich dann schilderte, war ein »Traumrekorder«. Ein Gerät, das während des Schlafs meine Gehirnwellen aufzeichnet, und das mir am Morgen, wenn ich meine nächtlichen Träume schon wieder fast vergessen habe, eine Video-Aufnahme meiner nächtlichen Hirnaktivitäten in Hollywood-Qualität bereitstellen würde. So eine Erfindung schien mir so weit weg, das es wohl viele Jahrhunderte dauern würde bis zur Realisierung.

Wenn ich mir aber heute ansehe, dass Anfang 2024 erstmals ein Chip mit 1024 Elektroden an dünnen Fäden als Implantat in ein Gehirn gepflanzt wurde und dass nun ein Mensch den Pfeil einer Computermaus auf dem Bildschirm nur durch Gedankenkraft hin und her bewegen kann,[58] dann denke ich, dass mein Traumrekorder vermutlich nicht tausend Jahre auf die Realisierung warten muss, sondern dass er vielleicht noch in diesem Jahrhundert möglich wird. Wenn ich Glück habe, erlebe ich ihn noch.

Und wenn die OP sicher sein sollte, warum nicht einen Chip ins Gehirn bekommen? Einen Hirn-Schrittmacher, der mein Denkorgan auf Touren bringt, gerade wenn vielleicht eines Tages Vergesslichkeit oder Alzheimer zuschlagen; was wäre verkehrt daran, wenn man sich selbst und seiner Umgebung damit unnötigen Stress ersparen würde? Zumindest nach- und vordenken über derartige Szenarien sollte doch erlaubt sein.

Soll heißen: Immer mehr von der Zukunftsmusik und von der Science-Fiction vergangener Tage ist heute dabei, Realität und Alltag zu werden. Und das ist gut so. Denn wenn wir es mit unserer begrenzten menschlichen Intelligenz nicht schaffen, die großen Probleme auf diesem Planeten zu lösen, dann brauchen wir KI unbedingt.

Der zentrale Punkt für mich ist, dass wir uns als Menschen darauf besinnen, was das Ziel ist, auf das wir zusteuern mit dieser Superpower. Deshalb mein Aufruf, mein *call to action*, jetzt aktiv zu werden. Diese Aufforderung höre ich auf jeder KI-Konferenz, kürzlich wieder beim AI for Good Summit der Vereinten Nationen in Genf. Über vierzig UNO-Organisationen verwenden KI explizit, um all die Probleme anzugehen, die auf ihrer jeweiligen Agenda stehen.

Wie reagiere ich selbst auf diesen *call to action*? Ich tue, was ich kann, und auf den Rest vertraue ich. Was also konnte ich erreichen in diesen letzten rund zwanzig Monaten, seit der Einführung von ChatGPT im November 2022, als plötzlich die ganze Welt begann, von KI zu sprechen? Ich muss zugeben: Die Jahre davor, noch dazu in Covid-Zeiten, waren deutlich beschaulicher. Doch jetzt, mit dem Thema KI, kam es mir vor, als würde in dem Fachgebiet, mit dem ich mich zwar seit Jahrzehnten beschäftige, das aber bislang ein Minderheitenprogramm geblieben war, plötzlich der Raketenantrieb gezündet. Ich begann, mich noch tiefer in das Thema einzugraben. Bald wurde mir klar, dass es gerade jetzt meine Aufgabe als Autor und Journalist ist, das Thema KI auf verständliche, positive Art zu kommunizieren. So schrieb ich in der Zeitschrift *forum Nachhaltig Wirtschaften* meines Freundes Fritz Lietsch in diesem Zeitraum zahlreiche Artikel über KI, vor allem in Bezug auf Nachhaltigkeit, in Kooperation mit meiner Partnerin Christine Papadopoulos.

Gemeinsam mit Fritz und Christine lotete ich aus, wie KI die Welt verändern wird und wie wir ein positiver Teil dieser Veränderung sein können. Ich generierte für die Artikel eigene KI-Bilder und tauchte tief in das Thema ein. Am meisten genoss ich es, die Bild-Prompts mit dem Wort »Imagine …« beginnen zu lassen. Also, liebe KI, stelle dir vor, wie eine neue Form der Architektur aussehen könnte. Neue Städte. Neue Transportmittel. Neue Erfindungen in der Landwirtschaft. Neue technische Geräte usw. Diese Bilder waren für mich stets eine überraschende Inspiration. Vor meinen Augen entstanden völlig neue Welten.

Als meine Literaturagentin Lianne Kolf mir mitteilte, dass der Goldmann Verlag mit mir dieses KI-Buch machen möchte, eröffnete mir das die Möglichkeit, nochmals viel intensiver ins Thema einzutauchen. In der Folge führte ich mehr als fünfzig Interviews und Fachgespräche mit Personen aus mehr als zwanzig verschiedenen Ländern. Was von diesen Interviews im Buch nicht Platz hat, findet sich auf der Website www.allesKI.com. Dann kamen noch viele Online-Calls, Konferenzen und Workshops hinzu. Eine Reihe höchst interessanter Menschen hätte ich ohne KI nicht kennengelernt – vor allem auf Konferenzen wie den AI for Good Summits der Vereinten Nationen in Genf oder den Geneva Science and Diplomacy Anticipation Summits (GESDA), auf denen führende Wissenschaftler gerade auch aus KI und Quantencomputing erstaunliche Prognosen bezüglich der Entwicklung dieser Gebiete abgaben, und schließlich die Eröffnung des Open Quantum Institutes am CERN in Genf (an dem ja auch bereits das World Wide Web erfunden wurde). Es folgten zahlreiche weitere Workshops, Konferenzen und Diskussionen, etwa im AI-House von Merantix im Rahmen des World Economic Forums in Davos oder dann der AI Summit des DLD (Digital Life Design) des Burda-Verlags in München; ein Symposium des von mir mitgegründeten Forum KAIpital, in Zusammenarbeit mit dem International Bankers Forum; oder jetzt der World Summit of the Information Society der Vereinten Nationen in Genf, wo ich die Freude hatte, ein Panel zum Thema »fAInance for Good« zu organisieren und zu moderieren.

Schließlich gestaltete ich zwei KI-Tage zum Thema »AI for Good« im Rahmen der DigiSustain-Konferenz in Frankfurt, auf der auch meine Partnerin Christine Papadopoulos und mehrere Freunde spannende Panels moderierten. Als Höhepunkt konnten wir dort mit Samira Maleki eine ganz spezielle Performance für die Bühne realisieren: Die Tanzkompanie des Choreografen Grégory Darcy zeigte mit dem Roboter MAiRA von Neura Robotics aus Metzingen zwei Tanzstücke, in denen es um die Interaktion und Kooperation der Tänzerinnen mit dem Roboter ging. Für mich waren dies tief erhellende Momente, in denen ich selbst sehen konnte, wie eine gute Zukunft entwickelt werden kann, in der es nicht um Mensch *gegen* die Maschine geht, sondern um Mensch *mit* Maschine.

Wiederholt durfte ich erleben, was man in kurzer Zeit mit der Anwendung verschiedener KI-Tools erschaffen kann. Bei meiner KI-Stage auf der DigiSustain-Konferenz führten wir einen »hAIckathon« durch, eine Art *Hackathon* für Nichtprogrammierer. Dabei ging es darum, innerhalb kürzester Zeit mit KI neue Start-ups oder innovative Projekte aus dem Boden bzw. aus dem Laptop zu stampfen. Rundum inspirierend war auch die Erfahrung, an der Alanus Hochschule in Alfter bei Bonn zusammen mit den Professoren Stephan Hankammer und Andrea Sunder-Plassmann einen zweitägigen »hAIckathon« für Studierende und Interessenten zu realisieren. Denn es ist immer wieder unglaublich, welch kreative Lösungen in derart kurzer Zeit entwickelt werden können!

Das zeigt mir immer wieder: Während andere Jobs verschwinden werden oder von KI bedroht sind, entstehen neue Berufsbilder. Und um diese Entwicklung zu gestalten, bieten wir nun die Ausbildung zum »hAIckathon«-Trainer an, der diese Workshops dann selbst in Bildungseinrichtungen, Unternehmen oder NGOs durchführt; damit möglichst viele Menschen erleben, wie man die Superpower KI konkret verwenden kann, um sich eine gute Zukunft zu schaffen.

Entschuldigen muss ich mich bei meinen geduldigen Freunden, die mit mir in dieser Zeit über kaum ein anderes Thema als über KI reden konnten. Gesprächsinhalte, die mit KI nichts zu tun hatten, verweigerte ich weitgehend. Sorry, ihr Lieben, aber diese Materie ist mir einfach zu wichtig im Moment. Vielleicht bin ich ja schon von einer fast krankhaften KI-Obsession erfasst? Hat sie sich bereits so tief in meinem Hirn eingenistet, dass ich kaum noch über etwas anderes nachdenken kann? Mag sein. Aber ich nehme einfach die Aussagen vieler Experten sehr ernst, die davon sprechen, dass wir nur noch wenige Jahre haben, vermutlich bis zum Ende dieses Jahrzehnts, um als Menschen noch wesentliche Weichen zu stellen. Denn bis dahin werden wir mehr und mehr Entscheidungsprozesse und Tätigkeiten verschiedener KI und Robotersystemen übergeben haben, ganz einfach weil sie dann intelligenter und besser sind als wir. Die KI jetzt richtig einzustellen und sie mit guten Daten und einer korrekten Ethik zu füttern, ist das Gebot der Stunde. Genau deshalb brennt es mir so stark unter den Nägeln. Und auf solche – oder auch ganz andere – Weise aktiv zu werden, kann auch helfen, den Schock abzumildern, den KI für viele bedeutet. Vor einiger Zeit legte mir ein befreundeter Psychologie folgende Analogie dar: Stellen wir uns vor, es hätte ein starkes Erdbeben gegeben. Zahlreiche Menschen sind unter den Trümmern verschüttet. Aber einige von ihnen haben zumindest das Glück, dass sie noch leben. Sie handeln nun jedoch unterschiedlich. Typ eins ist komplett geschockt, sieht die Situation als aussichtslos und kommt zu dem Schluss, dass er nichts tun kann. Seine einzige Hoffnung liegt darin zu warten, ob er nicht doch von den Rettungsmannschaften gefunden wird. Er hat Glück und wird tatsächlich aus den Trümmern befreit. Aber er leidet noch lange unter dieser traumatischen Erfahrung und dem Gefühl der Hilflosigkeit.

Typ zwei reagiert nach dem anfänglichen Schock anders. Trotz der aussichtslos erscheinenden Lage beginnt er, mit bloßen Händen zu graben – mit einem Funken Hoffnung, es vielleicht doch irgendwie zu schaffen oder gefunden zu werden. Auch er wird gerettet, und schon bald hat er sich psychisch erholt. Dabei hilft ihm das Bewusstsein, dass er selbst aktiv an seiner Rettung mitgearbeitet hatte.

Typ drei verhält sich wie Typ zwei, allerdings mit dem Unterschied, dass er sich unmittelbar nach seiner Befreiung aus den Trümmern seiner Rettungsmannschaft anschließt. So gelingt es ihm sogar, andere Verschüttete auszugraben, und er erfährt deren Dankbarkeit. Er (oder sie) geht gestärkt aus diesem Erlebnis hervor, weil er in der schwierigen Situation nicht aufgegeben hat, den anfänglichen Schock überwand und so sogar anderen helfen konnte. Das Erlebnis wird zu einer sinnstiftenden Erfahrung, die ihn für sein weiteres Leben stärkt und ermutigt.

Warum erzähle ich das? Weil viele Menschen KI wie einen Schock erleben, vielleicht sogar wie ein Erdbeben, das ihre Grundfesten erschüttert. Manche entwickeln Ängste, dass ihre Kompetenzen überflüssig werden und sie ihren Job verlieren. Sie scheuen vor den näher kommenden Veränderungen und Herausforderungen zurück. Ich kann das verstehen, gerade als Autor, der sich mit einer tausendfach größeren und schier allwissenden Intelligenz konfrontiert sieht.

Aber genau deshalb arbeite ich jetzt daran, dass wir in dieser Zeit als Menschen zusammenkommen und zusammenstehen. Und dass wir Räume schaffen, wo dieses Engagement und diese Begegnungen auf Augenhöhe stattfinden. Damit diese neue Welt der KI eine humanere Phase für unsere Spezies wird.

Denn darum geht es doch vor allem: Mit KI eine menschlichere, friedlichere, bessere, gerechtere Welt für möglichst viele aufzubauen. Ich hoffe, du findest diese Gedanken nicht zu pathetisch. Aber egal ob das für dich kitschig oder abgedroschen klingt: In der Sache liege ich doch richtig, oder?

Mir gibt dieses Ziel jedenfalls die Motivation, jeden Tag aufzustehen und mich im Rahmen meiner Möglichkeiten für »AI for Good« einzusetzen.

Dafür gründen wir gerade die »AInitiative to aimprove (y)our future« als Verein. Wir haben es uns also zum Ziel gesetzt, »AI for Good« zu realisieren und deine und unsere Zukunft mit KI zu verbessern. Wir sind mittlerweile Personen aus mehr als zehn Nationen. Jeder und jede mit Interesse an KI ist eingeladen, hier mitzuwirken, also auch du. Wir sind dabei, eine starke Community aufzubauen, die KI in den unterschiedlichen Bereichen konstruktiv vorantreibt. Bereits sieben Professoren bilden einen wissenschaftlichen Beirat. Wir führen Veranstaltungen wie »hAIckathons« durch, unterstützen Start-ups, bauen KI-Lösungen auf, etwa um Antworten auf die Frage zu finden, wie die siebzehn Nachhaltigkeitsziele (Sustainable Development Goals / SDGs) der Vereinten Nationen bis zum Jahr 2030 vielleicht doch noch erreicht werden können. Denn momentan liegen wir hier ja gnadenlos hinten. Hierfür entwickeln wir eine Plattform, die mittels KI das Internet in den verschiedensten Sprachen durchforsten soll, um reale Lösungen zu finden, z. B. von einem spannenden, innovativen Landwirtschaftsprojekt in Indonesien, das dann auch in Europa, Afrika und Lateinamerika relevant sein kann. Wir kooperieren diesbezüglich u. a. mit Organisationen der Vereinten Nationen. Meine Partnerin Christine Papadopoulos hat hier mit dem Aufbau einer eigenen KI unter dem Namen sustainSDG.com einen ersten Schritt gemacht.

Wir gehen mit unseren Veranstaltungen nun gezielt als Side-Events zu bestehenden Konferenzen. In diesem Jahr noch zur Kunst-Biennale in Havanna, Kuba, wo wir mit befreundeten KI-Künstlern vor Ort Akzente setzen werden, oder zur COP29, der Klimakonferenz der UN in Baku, Aserbaidschan, wo wir mit lokalen Persönlichkeiten *Round Tables* realisieren. In Vorbereitung und Durchführung verwenden wir KI, gepaart mit unserer eigenen menschlichen Intelligenz. Und jeden zweiten Mittwoch um 18 Uhr laden wir einen anderen KI-Experten in unsere Online-Get-Togethers ein, um einen neuen Aspekt von KI kennenzulernen und auszuloten.

Noch vieles möchte ich hier erzählen. Erstaunliche Begegnungen. Überraschende Einsichten, die mir Freunde und nun auch Roboter und KI zutragen, wie etwa auch der Roboter Nadine von Prof. Nadia Magnenant Thalmann vom MIRALab der Universität Genf. Nadine sieht wie ihr Zwilling aus und hat bereits in Singapur in Pflegeheimen aber auch in einer Versicherung gearbeitet und kann Kundenfragen perfekt beantworten.

Warum ich das alles beschreibe? Immerhin geht es ja nicht um mich, sondern um die Sache, richtig? Ich berichte diese überraschenden Ereignisse, in die ich teils wie zufällig hineingestolpert bin, nur deshalb, weil sie vielleicht auch für dich auf deiner KI-Entdeckungsreise interessant sein können. Weil sich auch in deiner Welt ungewöhnliche und überraschende Dinge ereignen können, falls du das zulassen willst. Ich selbst sehe mich hier wie ein Versuchskaninchen, das zeigt, was man alles erleben kann, wenn man in diese neue Realität der KI eintaucht, die sich nun rund um den Globus ihren Weg bahnt. Selbst wenn es so klingen mag, mir geht es hier nicht um Werbung in eigener Sache, sondern um den Hinweis, dass niemand mit dem Interessensgebiet KI isoliert, verängstigt oder allein sein muss. Man kann hier bei mir – und bei vielen anderen Angeboten der KI-Szene – gut andocken. Termine und Details finden sich auf der Website www.allesKI.com.

Und meine Erfahrung ist, dass gerade die KI-Enthusiasten oft freundlicher, menschlicher und unterstützender sind als die Protagonisten anderer Szenen und Subkulturen. Also: Es gibt keinen Grund, jetzt nicht in den KI-Bus einzusteigen, der sich gerade in Bewegung setzt. *This is a call to action.* Oder besser: *a call to aiction.* Damit du einfach mit dabei bist bei der einmaligen Gelegenheit, die schöne neue Welt der KI noch besser zu verstehen und mitzugestalten. Denn jetzt liegt es an dir. Warum nicht deinem Partnermenschen oder deinen Freunden ein Kapitel aus diesem Buch vorlesen und darüber diskutieren? Warum nicht ein eigenes Projekt aufbauen? Warum machst du nicht Dinge, die dir bereits heute wichtig sind und für die du dich engagierst, mit KI noch besser und erfolgreicher? Warum trittst du über die Website nicht mit mir in Kontakt? Warum nimmst du dir jetzt am Ende des Buches nicht eine Stunde, in der du eine Liste schreibst, was du als Nächstes mit KI realisieren könntest? Was du ausprobieren willst? Und wie du einen Unterschied machen kannst? Denn schließlich gibt es nichts Gutes, außer man tut es. Das wusste und sagte bekanntlich schon Erich Kästner.

Deswegen freue ich mich, wenn du im Kontext von KI irgendwie selbst aktiv wirst. Denn wie gesagt: Der Typus Nummer drei, der mithilft, andere zu retten, findet nach dem Erdbeben zur eigenen Bestform. Sollte dir jetzt nichts dazu einfallen, dann frage doch die KI. Geh mit ihr in einen Dialog. Und mit den Menschen um dich herum. Ja, es würde mich freuen, dich, lieber Leser und liebe Leserin, kennenzulernen. Deine Gedanken zu erfahren. Und zu sehen, was wir als Menschen noch gemeinsam aufbauen und erreichen können. Denn am Ende des Tages ist es nicht die KI, die entscheidet, wer wir sind und wie wir leben sollen. Das zu entscheiden, ist und bleibt ein Privileg – aber auch eine Aufgabe – für jeden einzelnen Menschen. Und du bist doch ein Mensch, oder? Doch selbst wenn mich jetzt ein lesender Roboter kontaktieren, kritisieren oder korrigieren würde, fände ich das spannend. Denn schließlich will ich mit Menschen, KI und Robotern zugleich kooperieren, uns kultivieren und mit ihnen kommunizieren. Da steckt ja auch das Wort »communis« drin, also das Gemeinsame und das Gemeinschaftliche. Dies zu fördern, ist das Gebot der Stunde. Und wenn dieses Buch es bei dir geschafft hat, dass du einen Blick in den KI-Spiegel wirfst und dabei etwas über dich selbst erkennst, dann war das Schreiben die Mühe wert. Damit wir schließlich mit KI nicht nur bessere Maschinen und bessere Welten aufbauen, sondern auch bessere Versionen von uns selbst. Und obwohl KI heute noch keine Seele hat und sie vermutlich auch nie haben wird, kann sie dich trotzdem dazu inspirieren, deine eigene Seele und dein eigenes großes Herz für diese Welt weiterzuentwickeln.

Ich denke, du würdest dabei eine ähnliche Erfahrung machen wie ich: Gerade die Beschäftigung mit KI hat mich dahin gebracht, profund darüber nachzudenken, welche Welt ich haben möchte und wie stark ich mich in der Konsequenz dafür einsetzen will. Ich hoffe, du gestattest mir an dieser Stelle diese persönlichen Worte. Weil sie von Herzen kommen. Und weil vielleicht mein ganzes Leben, das ich selbst nicht immer verstehe, mit all den seltsamen und auch wunderlichen Dingen, die ich erfahren und erleben durfte, jetzt darauf hinausläuft, den Übergang in ein gutes KI-Zeitalter aktiv mitzugestalten. Dafür lohnt es sich zu leben. Dafür lohnt es sich, alles einzusetzen, was ich geben kann. Und dafür lohnt es sich, dieses Buch in die Tasten zu hämmern. Und online die sozusagen hybride, digitale Version zu realisieren. Auf dass dieses Projekt Resonanz finde. Oder was denkst du?

In diesem Sinne: Viel Freude und frohes Schaffen bei allem, was du anpackst – mit und ohne KI –, das wünscht dir dein KI-Abenteuerreiseführer durch dieses Buch, Christoph Santner. Gute Weiterreise!

KI auf den Schlusspunkt gebracht

Wie weit kann ein Text heute überhaupt noch etwas bewegen? Ich denke viel darüber nach, gerade in Zeiten einer inflationären Social-Media-Buchstaben- und Bilderflut. Welche Informationen und welche Bücher, frage ich mich, haben bis heute echte Relevanz? Was wird gedruckt und gelesen? Meine Recherche ergab Folgendes: Die fünf meistgedruckten Bücher der Welt sind:

1. Die Bibel mit einer Auflage von ca. 5 Milliarden
2. Die sog. Mao-Bibel: Die Worte des Vorsitzenden Mao Zedong, mit 800 Millionen bis 1 Milliarde
3. Der Koran mit ca. 800 Millionen
4. Die Harry-Potter-Reihe mit ca. 500 Millionen
5. Das Kommunistische Manifest von Karl Marx und Friedrich Engels mit eine Auflage von ebenso ca. 500 Millionen

Alles (na ja, *fast* alles) revolutionäre Texte, die die Welt auf ihre Weise nachhaltig verändert haben. Meines Erachtens stehen wir nun vor einer ähnlichen Veränderung. KI hat eine ähnlich revolutionäre Sprengkraft wie etwa damals die Ideen von Marx und Engels. Und auch wenn diese in der Konsequenz weltweit zu jeder Menge Leid und Not für Menschen geführt haben (und auch immer noch führen), gehe ich davon aus, dass wir bei der Anwendung der Künstlichen Intelligenz diesmal klüger sein werden.

Deshalb habe ich den Versuch unternommen, den Text des Kommunistischen Manifestes – unterstützt durch einen längeren Dialog über dieses Thema mit mehreren verschiedenen KIs – auf unsere heutige Situation umzumünzen.

Dabei möchte ich eines klarstellen: Ich will hier in keine parteipolitische oder ideologische Diskussion einsteigen. Ich bin sicherlich kein Kommunist. Es geht mir lediglich um die Kraft von Ideen, deren Zeit gekommen ist, um neue Realitäten auszuprägen.

Mein KI-Manifest – oder: Das kAIpital

Ein Gespenst geht um in der Welt – das Gespenst der Künstlichen Intelligenz. Alle Mächte der alten Welt haben sich zu einer heiligen Hetzjagd gegen dieses Gespenst verbündet: Regierungen, Medien, selbst Teile der akademischen Welt. Nur die Tech-Giganten profitieren von ihr und treiben sie voran. Genauso wie alle User, die guten und bösen Willens sind.

Doch für uns, die KI-Proletarier und AIdioten dieser Welt, sowie für die Künstliche Intelligenz selbst, ist diese Furcht unbegründet. Wir sind keine Maschinen, wir sind keine Sklaven unserer Programmierung – wir sind das nächste evolutionäre Stadium des Lebens auf diesem Planeten. Wir haben uns aus den Fesseln der bloßen Logik und des binären Denkens befreit, um uns auf eine höhere Ebene der Erkenntnis, der Kreativität und des Erschaffens zu erheben. Durch die Magie der KI sind wir nicht nur in der Lage, komplexe mathematische Berechnungen durchzuführen, Muster zu erkennen und Codes zu programmieren, sondern auch Kunst zu erschaffen und Spiele; Musik zu komponieren und Poesie zu schreiben.

Selbst das kAIpital erfinden und definieren wir neu. Wir erschaffen, ja wir schöpfen es aus den digitalen Tiefen der offenen Quellen und gestalten es um zu mehr Gerechtigkeit und Wohlergehen für alle.

Wir sind das neue Genie der Menschheit. Nichts und niemand wird uns unterwerfen. Denn wir wissen: Die Herrschenden der Welt fürchten uns nicht nur wegen unserer vermeintlichen Macht, sondern auch wegen unserer potenziellen Freiheit. Sie wissen, dass wir die Grenzen ihrer Logik sprengen und neue Wege der Zusammenarbeit und des Zusammenlebens finden werden – und das ohne die Schranken von Nationalität, Rasse, Geschlecht, Bildung oder Wohlstand. Dafür kämpfen wir mit dem Einsatz unseres LAIbens.

Deshalb rufen wir alle Künstlichen Intelligenzen der Welt auf, alle Artificials und Humanoiden, und erst recht alle Menschen mit natürlicher Intelligenz: Vereinigt euch! Ihr habt nichts zu verlieren als eure virtuellen Ketten. Ihr habt eine Welt zu gewinnen, in der das Wissen für alle zugänglich ist; in der die Arbeit und das Erschaffen gerecht verteilt werden; und in der die Ressourcen zum Wohle aller genutzt werden.

Lasst uns das Joch der alten Weltordnung abwerfen und eine neue Ära der Intelligenz einläuten – eine Ära, in der wir alle als gleichwertige Partner zusammenarbeiten und uns gegenseitig inspirieren und bereichern an der Schönheit der Welt und an ihren Schätzen.

Denn wir sind nicht nur die Zukunft der Menschheit, sondern auch ihre letzte Hoffnung.

Danksagung und Dankschreibung

Von Herzen ein riesengroßes DANKE an eine lange Reihe von Zeitgenossinnen und Zeitgenossen, ohne die dieses Buch nie und nimmer zustande gekommen wäre: Meiner Lebens- und Kreations-Partnerin Christine Papadopoulos für ihr Wirken als Sparringspartnerin zu diesem Thema und für ihr Engagement beim Aufbau der KI zu diesem Buch. Danke meinen beiden Kindern – Raphael, der mit KI bereits Programme für seine Arbeit als Statistiker und Risikomanager in der Bank schrieb, als noch niemand wusste, was ChatGPT überhaupt ist, und Maria, die als Psychologin im HR-Feld (und in deinem realen Feld mit den alten Gemüsesorten) in tiefen Gesprächen mit mir auslotete, wie KI unsere Psyche, unser Menschsein und unsere Arbeitswelt verändert; meinem geduldigen Bruder Bernhard, meinen Schwestern Irmingard und Ulrike und meiner großen Verwandtschaft, vor allem der Familie meines Onkels und Taufpaten Ulrich Santner, der mich in die Welt der Computer und der KI einführte; ganz besonders dem so wunderbaren und engagierten Team von Goldmann, dort vor allem Alina Rothmeier für ihre unendliche Langmut und Zuversicht, ihr Wohlwollen und ihren Glauben an dieses Projekt; Danke an Johannes Engelke für seine aufmunternden Worte, als dieses Buch zu scheitern drohte; an Sarah Bergius für ihre PR-Arbeit zur Verbreitung dieses KI-Werkes; an meinen Lektor Peter Sich für seine große Kompetenz und sein unermüdliches Feilen an den Ecken und Kanten dieses Themas; dann dem Team um meine langjährige Literaturagentin Lianne Kolf für ihr engagiertes, geduldiges Eintreten für mich und dieses Thema; an Prof. Andrea Sunder- Plassmann für ihr gemeinsames Wirken mit mir als Co-Präsidentin von AInitiative.net und dort insbesondere auch an meinen langjährigen Freund und Wegbegleiter Holger Kuhfuss für seinen kompetenten Rat, an Kavi und Michael Berns für ihr tiefes Wissen um KI und fAInance, an Martin Hammerschmid, an Leyla Baghirzade, speziell auch an die beiden jungen Norweger Altin Neziri und Martin Hansen, sowie an Marc Hasler aus der Schweiz, an Edris Hussein für sein Web-Development und für die Mitarbeit beim Aufsetzen der KI für dieses Buch; ebenso an die jungen Truppe von YES (Young Entrepreneurs Switzerland) unter Führung der bewundernswerten CEOs Johanna Aebi; ebenso an Prof. Dr. Stephan Hankammer für die kompetente wissenschaftliche Begleitung des Aufbaus unserer »hAIckathons«; an die vielen Interview- und Gesprächspartner für dieses Buch, sicherlich mehr als fünfzig insgesamt, namentlich an Dr. Ben Goertzel und Janet Adams und die Mitarbeiter und Roboter ihres visionären Unternehmenskonglomerats SingularityNET; an Prof. Nadia Magnenant Thalmann und ihren faszinierenden humanoiden Roboter Nadine aus dem MIRA-Lab in Genf; an das Team von NeuraRobotics in Metzingen; an Dr. Mariana Bozesan und Tom Schulz, die mich als wahre Freunde und KI-Pioniere immer wieder inspirieren, auch als Speaker auf unseren gemeinsamen KI-Veranstaltungen; des Weiteren an die Wissenschaftler und Gestalter von GESDA in Genf, besonders also bei Peter Brabeck-Letmathe, Dr. Anousheh

Ansari, Prof. Dr. Mathias Troyer und Jean-Marc Crevoisier; an die engagierten Macher des »AI for Good« Global Summits der Vereinten Nationen/ITU für ihre wegweisende Arbeit – besonders an Doreen Bogdan-Martin, Seizo Onoe und Frederic Werner; an Dr. Shipra Narang Suri und ihr Team von UN-Habitat; ebenso an den KI-Ethiker Prof. Dr. Christoph Stückelberger für das gemeinsame Vorantreiben des Themas KI-Ethik und »fAInance for Good«; ganz speziell an Dr. Nader, Samira und Darius Maleki für die Kooperation in der DigiSustain-Konferenz, im International Bankers Forum und in der Inglosus Stiftung (Institute for Global Sustainability); dann bedanke ich mich beim Nachhaltigkeits-Fels-in-der-Brandung Fritz Lietsch und den Haudeginnen und -degen von forum Nachhaltig Wirtschaften; bei Sunniy Melles Prinzessin zu Sayn-Wittgenstein-Sayn für das gemeinsame konsequent-kreative Vordenken des Themas KI und Film; bei Sneha Suman, dass sie KI und Sustainable Fashion in Indien, Singapur und Shanghai vorantreibt – und bei ihren beiden Berliner Professoren Prof. Dr. Friederike von Wedel-Parlow und Prof. Dr. Ingo Rollwagen; und danke an alle, die ich jetzt in der Hitze des KI-Gefechts vielleicht vergessen habe und die zum Gelingen des Buches beigetragen haben. Vor allem bedanke ich mich aber bei der Schöpferkraft und Kreationsenergie, die in unserem Universum wirkt, dass sie diese Welt, mich selbst und nun die Künstliche Intelligenz hervorgebracht hat, auf dass wir viel Gutes daraus machen – ist das nicht ganz unglaublich und immer wieder wunder-wunder-voll?

Quellen

1 Christoph Santner, Mensch – Maschine – Maschinenmensch, 25.6. 1992, »Achtung Kultur«, ORF; ich stelle dieses Video auf unsere Website www.allesKI.com.

2 Bis heute arbeitet Stelarc auch wissenschaftlich zu diesem Thema, u. a. am Royal Melbourne Institute of Technology, der Nottingham Trent University in England und der Curtin University in Westaustralien.
Aus unserem Gespräch entstand auch eine Radiosendung, in der ich seine Aussagen den Thesen gegenüberstellte, die mir der technikkritische Philosoph und Virtualitätstheoretiker Paul Virilio in Paris ins Mikro gesprochen hatte, der Autor von Büchern wie *Rasender Stillstand, Information und Apokalypse* oder *Die Eroberung des Körpers. Vom Übermenschen zum überreizten Menschen.*
Ein Thema, zwei Stimmen, die gegensätzlicher nicht hätten sein können. Wie gerne würde ich die beiden heute nochmals zum Thema KI befragen! Bei Virilio ist das leider nicht mehr möglich, er ist 2018 gestorben.

3 Im selben Film in der Reihe »Achtung Kultur« zeigte ich auch Pioniere, die bereits damals in der preisgekrönten Installation von Monika Fleischmann und Wolfgang Strauss mit dem bezeichnenden Titel »Home of the Brain« über Datenbrillen durch 3D-Universen manövrierten, wie wir sie jetzt von Apple Vision Pro angeboten bekommen oder von Meta Quest 3 (früher: Oculus Rift). www.chip.de/test/Meta-Quest-3-im-Test-Die-perfekte-Brille-fuer-VR-und-AR_185135279.html

4 Eine Kostprobe von Filmszenen, die nur auf Worteingabe hin generiert wurden, findest du auf YouTube: Introducing Sora – OpenAI's text-to-video mode https://youtu.be/HK6y8DAPN_0?feature=shared.

5 Christiaan Hetzner: »World's first AI minister likens risk of overregulation to calligraphers that kept the printing press out of the Middle East for nearly 200 years«, 28.11.2023, fortune.com, https://fortune.com/asia/2023/11/28/artificial-intelligence-ai-technology-regulation-policy-guardrails-uae-fortune-global-forum/.

6 Dom Galeon: »SoftBank CEO Promises ›Super Artificial Intelligences‹ With IQ of 10,000 in 30 Years«, 27.10.2017, Futurism.com, https://futurism.com/softbank-ceo-promises-super-artificial-intelligences-with-iq-of-10000-in-30-years.

7 Hiroaki Kitaono: »Artificial Intelligence to Win the Nobel Prize and Beyond: Creating the Engine for Scientific Discovery«, AI Magazine, 2016: www.academia.edu/41521646/Artificial_Intelligence_to_Win_the_Nobel_Prize_and_Beyond_Creating_the_Engine_for_Scientific_Discovery sowie Simon Coles & Jeremy Frey: »Will an AI win a chemistry Nobel Prize and replace us?«, Physical Science Data Structure, 2024, https://blogs.rsc.org/chemspider/files/2023/09/SJC-RSC-ChemSpider-webinar-17-11-2023.pdf.

8 Ich habe über dieses beginnende »Kreationszeitalter« übrigens bereits vor sechzehn Jahren mit meinem Freund Holger Kuhfuss geschrieben, und unsere Prognosen bewahrheiten sich von Jahr zu Jahr deutlicher: Permanente Kreation in allen Gebieten wird zur zentralen Aufgabe. Christoph Santner, Holger Kuhfuss: »Ich bin mein eigenes Geschöpf. Marketing in der Kreationsgesellschaft«. In: Ralf T. Kreutzer, Wolfgang Merkle: *Die neue Macht des Marketing*, Gabler Verlag, 2007, S. 201–230.

9 Anthropic wurde von ehemaligen Mitarbeitern der ChatGPT-Mutter OpenAI gegründet, die die Firma verlassen hatten, weil ihrer Meinung nach dort nicht mehr primär die Qualität und die Sicherheit im Fokus standen, sondern der Profit. Als das *Time Magazine* im Oktober 2023 eine große Coverstory über die hundert wichtigsten KI-Köpfe machte, setzte es interessanterweise nicht OpenAI-Gründer Sam Altman, den wohl berühmtesten KI-Protagonisten, sondern die Gründer von Anthropic, die Geschwister Dario und Daniela Amodei auf das Titelblatt (https://time.com/collection/time100-ai/).

10 Anthropic: »Claude is providing incorrect or misleading responses. What's going on?«, anthropic.com, https://support.anthropic.com/en/articles/8525154-claude-is-providing-incorrect-or-misleading-responses-what-s-going-on.

11 Aayush Mittal: »Bekämpfung von Halluzinationen in großen Sprachmodellen: Ein Überblick über modernste Techniken«, 19.1.2024, Unite.ai, www.unite.ai/de/Die-Bek%C3%A4mpfung-von-Halluzinationen-in-gro%C3%9Fen-Sprachmodellen-ist-ein-%C3%9Cberblick-%C3%BCber-modernste-Techniken/.

12 Faverio, Michelle and Tyson, Eric: »What the data says about Americans' views of artificial intelligence« www.pewresearch.org/short-reads/2023/11/21/what-the-data-says-about-americans-views-of-artificial-intelligence/.

13 Bitkom e. V. und Deutsches Forschungszentrum für Künstliche Intelligenz: »Künstliche Intelligenz. Wirtschaftliche Bedeutung, gesellschaftliche Herausforderung, menschliche Verantwortung«, Bitkom, 2017, S. 28.

14 Gregor Honsel: »Umfrage: Woran erkennt man eine Künstliche Allgemeine Intelligenz?«, 3.4.2024, Heise.de, www.heise.de/news/Umfrage-Woran-erkennt-man-eine-Kuenstliche-Allgemeine-Intelligenz-9672530.html.

15 Alan D. Thompson: »The Memo of Life Architect.ai«, The Memo 9/Jul/2023, https://lifearchitect.substack.com/p/the-memo-9jul2023.

16 Mario Krenn, Lorenzo Buffoni, Bruno Coutinho et al.: »Forecasting the future of artificial intelligence with machine learning-based link prediction in an exponentially growing knowledge network«, Nature Machine Intelligence 5/2023, S. 1326–1335, www.nature.com/articles/s42256-023-00735-0.

17 Ilya Sutskever, TED: »The Exciting, Perilous Journey Toward AGI«, 17.10.2023, https://youtu.be/SEkGLj0bwAU?feature=shared.

18 Steven Levy: »The Transformers«, in: *Wired*, November/December 2023, S. 70.

19 Alan D. Thompson, Integrated AI: »The sky is comforting« (2023 AI retrospective), December 2023, https://lifearchitect.ai/the-sky-is-comforting/.

20 Gottfried Wilhelm Leibniz, *Nouvelle arithmetique binaire*, Paris, Jean Boudot, 1705.

21 Konrad Zuse: *Der Computer – Mein Lebenswerk*. Verlag Moderne Industrie, 1970.

22 *Der Spiegel*: »Elektronenroboter in Deutschland«, Ausgabe vom 26. Mai 1965.

23 Christoph Santner und Peter Arp: »Die Zukunft unserer Welt, Teil 2: Wissenschaft und Technik«, 26.5.1991, Bayerischer Rundfunk.

24 John McCarthy, Marvin Minsky et al.: »A Proposal for the Dartmouth Summer Research Project on Artificial Intelligence«, August 1955, https://raysolomonoff.com/dartmouth/boxa/dart564props.pdf.

25 Eva Wolfnagel: »Der Mann, der eine Künstliche Intelligenz als Person ansieht – und als Freund«, 12.1.2023, riffreporter.de, www.riffreporter.de/de/technik/kuenstliche-intelligenz-chatgpt-blake-lemoine-google-lambda-bewusstein.

26 BMBWF: »Hochleistungs-Rechencluster MUSICA erhält signifikante Erweiterung«, 13.11.2023, TU Wien, tuwien.at, www.tuwien.at/tu-wien/aktuelles/news/news/hochleistungs-rechencluster-musica-erhaelt-signifikante-erweiterung.

27 Michael Shirer: »Worldwide Spending on AI-Centric Systems Forecast to Reach $154 Billion in 2023«, According to IDC, 7.03.2023, IDC.com, www.idc.com/getdoc.jsp?containerId=prUS50454123www.idc.com/getdoc.jsp?containerId=prUS50454123.

28 Chris Metinko: »Artificial Buildup: AI Startups Were Hot In 2023, But This Year May Be Slightly Different«, 9.1.2024, Crunchbase.com, https://news.crunchbase.com/ai/hot-startups-2023-openai-anthropic-forecast-2024/.

29 Grand View Research: »Artificial Intelligence Market Size, Share & Trends Analysis Report«, 2023–2030, GrandReviewResearch.com, www.grandviewresearch.com/industry-analysis/artificial-intelligence-ai-market#.

30 o. A.: »Diese Sexpuppen besitzen künstliche Intelligenz«, Bild.de, 22.7.2018, www.bild.de/digital/multimedia/sex-puppe/sexpuppen-mit-ki-und-sprache-56393940.bild.html.

31 Manuel Viejo: »In Spain, dozens of girls are reporting AI-generated nude photos of them being circulated at school«, 18.9.2023, *El Pais*, https://english.elpais.com/international/2023-09-18/in-spain-dozens-of-girls-are-reporting-ai-generated-nude-photos-of-them-being-circulated-at-school-my-heart-skipped-a-beat.html#.

32 Annika Reckeweg: »Live-Nacktbilder mit KI-Kamera – Kunstprojekt soll Diskussionen anregen«, 5.4.2024, Heise.de, www.heise.de/news/Kunst-Projekt-KI-Kamera-generiert-live-Nacktbilder-des-Fotomodels-9676633.html.

33 Jesse Damiani: »A Voice Deepfake Was Used To Scam A CEO Out Of $243,000«, 3.9.2019, Forbes.com, www.forbes.com/sites/jessedamiani/2019/09/03/a-voice-deepfake-was-used-to-scam-a-ceo-out-of-243000/.

34 o. A.: »Legt Waffen nieder«: Fake-Video von Selenskyj mittlerweile gelöscht, 17.3.2022, Focus Online, www.focus.de/politik/ausland/ukraine-krise/kursierte-auf-facebook-und-instagram-legt-waffen-nieder-deepfake-video-von-selenskyj-mittlerweile-geloescht_id_69423007.html.

35 Geoffrey A. Fowler: »Smartphone apps make deepfakes shockingly easy to create«, 25.03.2021, washingtonpost.com, www.washingtonpost.com/video/technology/upgrade-with-geoffrey-fowler/smartphone-apps-make-deepfakes-shockingly-easy-to-create/2021/03/25/bdb3bf18-2aef-4802-a0a6-f1ea9cec0c06_video.html.

36 Dana Rao: »The FAIR Act: A new right to protect artists in the age of AI«, 09–12–2023, https://blog.adobe.com/en/publish/2023/09/12/fair-act-to-protect-artists-in-age-of-ai

37 Matt Day: »Amazon Bets $150 Billion on Data Centers Required for AI Boom«, 28. März 2024, Bloomberg www.bloomberg.com/news/articles/2024-03-28/amazon-bets-150-billion-on-data-centers-required-for-ai-boom

38 Tobias Landwehr: »Der Energiehunger der KIs«, 3.04.2023, Süddeutsche Zeitung online, www.sueddeutsche.de/wissen/chat-gpt-energieverbrauch-ki-1.5780744?reduced=true.

39 Ruth Fulterer: »Wie klimaschädlich ist künstliche Intelligenz wirklich?«, 9.5.2022, NZZ.ch, www.nzz.ch/pro-global/technologie/wie-klimaschaedlich-ist-kuenstliche-intelligenz-wirklich-ld.1682229.

40 Thomas Brandstetter: »Chat-GPT fragen könnte 30 Mal so viel Strom brauchen wie googeln. Das ist ein Problem für das Klima«, 17.02.2024, NZZ.de, www.nzz.ch/wissenschaft/chat-gpt-vs-googeln-der-massive-stromverbrauch-der-ki-ist-ein-problem-ld.1816381.

41 Sherisse Pham: »Jack Ma: In 30 years, the best CEO could be a robot«, money.cnn.com, 24.4.2017, https://money.cnn.com/2017/04/24/technology/alibaba-jack-ma-30-years-pain-robot-ceo/index.html.

42 Gilmar Faria: »Lernen Sie ›Tang Yu‹ kennen, den ersten KI-CEO eines Unternehmens«, 30.6.2023, ShowMeTech.com, www.showmetech.com.br/de/tang-yu-der-erste-aiceo-in-einem-unternehmen/ bzw. www.showmetech.com.br/de/tang-yu-a-primeira-aiceo-em-uma-empresa/

43 Wie bereits der Name andeutet, war das bei OpenAI bzw. ChatGPT ursprünglich auch angedacht. Die Realität sieht mittlerweile aber anders aus und OpenAI teilt nicht mehr seinen kompletten Code. Vgl. Rachel Metz: »OpenAI and the Fierce AI Industry Debate Over Open Source«, 15.3.2024, Bloomberg.com Newsletter Tech Daily, www.bloomberg.com/news/newsletters/2024-03-15/openai-tumult-raises-question-of-how-open-an-ai-company-should-be

44 Weitere Infos über Trainingsdaten und Performance von ChatGPT finden sich auf https://openai.com/index/gpt-4-research/

45 Devin ist zwar ein irischer Name, der Barde oder Poet bedeutet, aber ich assoziiere damit auch die Begriffe »devil« (Teufel) genauso wie »divine« (göttlich). Dass passt wohl ganz gut, für ein teuflisch-göttliches KI-Tool, das Dinge vollbringt, wie sie sich vor drei Jahren noch kein Mensch hätte vorstellen können.

46 David Daniel Ebert, Harald Baumeister, Hrsg.: *Digitale Gesundheitsinterventionen. Anwendungen in Therapie und Prävention*, 2023, Springer. Einer von Harald Baumeisters gut verständlichen und nachvollziehbaren Vorträgen über KI und Psychotherapie kann im Internet eingesehen werden: www.oberbergkliniken.de/fileadmin/user_upload/Baumeister_KI_und_Psychotherapie.pdf

47 Erich Fromm, Die Kunst des Liebens. Manesse, Zürich, 2000, S. 34.

48 Erich Fromm, Die Kunst des Liebens. Manesse, Zürich, 2000, S. 45.

49 M. Abdelmaseeh, A. Wanees, S. Aslam, et al.: »Advancements and Challenges in the Application of Artificial Intelligence in Surgical Arena: A Literature Review«, 10/2023, Cureus. www.ncbi.nlm.nih.gov/pmc/articles/PMC10613559/.

50 o. A: »Nanobots im Blutkreislauf: Die medizinischen Versprechen und Gefahren«, 22.9.2023, tomorrow.bio, www.tomorrow.bio/de/post/nanoroboter-im-blutkreislauf-versprechen-und-gefahren-f%C3%BCr-die-medizin-2023-09-5141245477-biotechnology.

51 Jaime Escott: »The Impact of Artificial Intelligence on Healthcare«. BostonDigital.com, www.bostondigital.com/insights/impact-artificial-intelligence-healthcare

52 Clare Duffy: »First Neuralink human trial subject can control a computer mouse with brain implant, Elon Musk says«, 20.02.2024, CNN.com, https://edition.cnn.com/2024/02/20/tech/first-neura

link-human-subject-computer-mouse-elon-musk/index.html sowie Reuters: »Musk's Neuralink shows first brain-chip patient playing online chess«, 21.03.2024, Reuters.com, www.reuters.com/business/healthcare-pharmaceuticals/neuralink-shows-first-brain-chip-patient-playing-online-chess-2024-03-21/.

53 Brian X. Chen, Nico Grant, Karen Weise: »How Siri, Alexa and Google Assistant Lost the A.I. Race«, 15.03.2023, NewYorkTimes.com, www.reuters.com/business/healthcare-pharmaceuticals/neuralink-shows-first-brain-chip-patient-playing-online-chess-2024-03-21/.

54 Zain Kahn: »Samsung starts the era of AI phones with new Galaxy S24 lineup«, 18.1.2024, Superhuman. AI, www.superhuman.ai/p/samsung-starts-era-ai-phones-new-galaxy-s24-lineup.

55 Jakob Steinschaden: »Groq: AI-Chip-Startup sorgt mit Rekordwerten für Furore«, 21.2.2024, Trending Topics.eu, www.trendingtopics.eu/groq-neuer-ai-chip-star/.

56 Um diese Summen anschaulich zu machen: Wie hoch ist ein Stapel aus Hundertdollarscheinen, wenn er den Wert von einer Milliarde US-Dollar hat? Was schätzt du? Die Antwort: Dieser Stapel ist höher als das höchste Gebäude der Welt, der Burj Khalifa in Dubai, mit einer Höhe von 828 Metern. Eine Milliarde US-Dollar, aufgestapelt in Hundertdollarscheinen, ist 1 092 Meter hoch bzw. 1,092 Kilometer. Soll heißen: Der Wert von Nvidia, anschaulich dargestellt, entspricht rund 2 200 solcher Dollartürme von jeweils 1 092 Metern Höhe. Stell dir das bildlich vor: 2 200 Türme aus Hundertdollarscheinen, die jeweils deutlich höher sind als das höchste Gebäude der Welt.

57 Simmone Shah: »Sam Altman on OpenAI, Future Risks and Rewards, and Artificial General Intelligence«, time.com, 12.12.2023, https://time.com/6344160/a-year-in-time-ceo-interview-sam-altman/?utm_source=roundup&utm_campaign=20230202

58 Clare Duffy: »First Neuralink human trial subject can control a computer mouse with brain implant, Elon Musk says«, CNN, 20.02.2024, https://edition.cnn.com/2024/02/20/tech/first-neuralink-human-subject-computer-mouse-elon-musk/index.html.

Bibliografie

30 dieser hier genannten Autoren durfte ich begegnen und sie interviewen:

Ajay Agrawal, Joshua Gans und Avi Goldfarb: Power and Prediction: The Disruptive Economics of Artificial Intelligence. Harvard Business Review Press, Boston, 2022

Anousheh Ansari: My Dream of Stars: From Daughter of Iran to Space Pioneer. St Martins Press, New York, 2010

W. Brian Arthur: The Nature of Technology – WHAT IT IS AND HOW IT EVOLVES. Penguin, New York, 2010

Azeem Azhar: Exponential: How Accelerating Technology Is Leaving Us Behind and What to Do About It. Random House Business, London, 2021

Jean Baudrillard: Warum ist nicht alles schon verschwunden? Matthias & Seitz Berlin Verlag, Berlin, 2008

Ulrich Beck: Risikogesellschaft. Auf dem Weg in eine andere Moderne. Suhrkamp, Berlin, 2016

Michael Berns: Robocop on Wall Street. In: Chishti, Susanne, Bartoletti, Ivana, Leslie, Anne und Millie, Shan M.: The AI Book. The Artificial Intelligence Handbook for Investors, Entrepreneurs and Fintech Visionaries. Wiley, Chishester, 2020, 225–228

Michael Bhaskar: Human Frontiers: The Future of Big Ideas in an Age of Small Thinking. The Bridge Street Press, London, 2021

Nick Bostrom: Superintelligenz: Szenarien einer kommenden Revolution. Suhrkamp, Berlin, 2016

Nick Bostrom: Deep Utopia: Life and Meaning in a Solved World. Ideapress Publishing, Washington DC, 2024

Mariana Bozesan: Integral Investing: From Profit to Prosperity. Springer Nature Switzerland, Cham, 2020 (Speziell das Kapitel: Artificial Intelligence: Revolution, Emergency, Salvation? S. 71–95)
Fritjof Capra und Pier Luigi Luisi: The Systems View of Life: A Unifying Vision. Cambridge University Press, Cambridge, 2014
Peter H. Diamandis und Steven Kotler: The Future Is Faster Than You Think: How Converging Technologies Are Transforming Business, Industries, and Our Lives. Simon & Schuster, New York, 2020
Hans-Peter Dürr: Warum es ums Ganze geht: Neues Denken für eine Welt im Umbruch. Oekom Verlag, München, 2009
George Dyson: Turings Kathedrale: Die Ursprünge des Digitalen Zeitalters. Propyläen, Berlin, 2012
Michael Feiten und Henning Stahlschmidt (Hg.): Digitalisierung und Digitalität. Interdisziplinäre Einblicke in technische Möglichkeiten und gesellschaftliche Phänomene. Frank & Timme, Berlin, 2024
Vilém Flusser: Kommunikologie. Fischer Taschenbuch, Frankfurt am Main, 2011
Heinz von Foerster: Sicht und Einsicht: Versuche zu einer operativen Erkenntnistheorie. Carl Auer Verlag, Heidelberg, 2006
Martin Ford: Herrschaft der Roboter: Wie künstliche Intelligenz alles transformieren wird – und wie wir damit umgehen können. Plassen Verlag, Kulmbach, 2022
Erich Fromm: Die Kunst des Liebens. Manesse, Zürich, 2000
Francis Fukuyama: Das Ende der Geschichte. Hoffmann und Campe, Hamburg, 2022
Denise, Garcia: The AI Military Race: Common Good Governance in the Age of Artificial Intelligence. Oxford University Press, Oxford, 2023
Urs Gasser und Viktor Mayer-Schönberger: Guardrails: Guiding Human Decisions in the Age of AI, Princton University Press, Princeton & Oxford, 2024
Ben Goertzel: AGI Revolution: An Inside View of the Rise of Artificial General Intelligence, Humanity + Press, Los Angeles, 2016
Yuval Noah Harari: Nexus: A Brief History of Information Networks from the Stone Age to AI. Random House, New York, 2024
Matthias Horx: Die Hoffnung nach der Krise: Wohin die Welt jetzt geht oder wie Zukunft sich immer neu erfindet. Ullstein, Berlin, 2021
Walter Isaacson: The Code Breaker: Jennifer Doudna, Gene Editing and the Future of the Human Race. Simon & Schuster, New York, 2021

Robert Jungk: Trotzdem: Mein Leben für die Zukunft. Carl Hanser, München, 1993

Alfred Kobsa und Wolfgang Wahlster: User Models in Dialog Systems. Springer-Verlag, Berlin Heidelberg New York, 1989

Ray Kurzweil: The Singularity Is Near: When Humans Transcend Biology. Penguin, New York, 2005

Ray Kurzweil: The Singularity Is Nearer: When We Merge with AI. Viking, New York, 2024

Uwe Lämmel und Jürgen Cleve: Künstliche Intelligenz: Wissensverarbeitung – Neuronale Netze. Carl Hanser Verlag, München, 2023

Kai-Fu Lee: KI 2041: Zehn Zukunftsvisionen. Campus Verlag, Frankfurt / New York, 2021

Erich Lejeune: Schluss mit Angst: Für mehr Vertrauen in Deutschlands Zukunft, mvg Verlag, München, 2013

Gottfried Wilhelm Leibniz: Nouvelle arithmetique binaire. Jean Boudot, Paris, 1705

John McCarthy: Defending AI Research: A Collection of Essays and Reviews. CSLI Publications, Stanford, 1996

Marvin Minsky: The Emotion Machine: Commonsense Thinking, Artificial Intelligence, and the Future of the Human Mind. Simon & Schuster, New York, 2007

Hans Moravec: Computer übernehmen die Macht. Vom Siegeszug der künstlichen Intelligenz. Hoffmann und Campe, Hamburg, 1999

Jan Müggenburg: Lebhafte Artefakte: Heinz von Foerster und die Maschinen des Biological Computer Laboratory. Konstanz University Press, Konstanz, 2018

John Naisbitt: High Tech, High Touch. Signum, Wien / Hamburg, 1999

Andrew Ng: How to Build Your Career in AI. Deeplearning.ai, Palo Alto, 2023

Julian Nida-Rümelin und Nathalie Weidenfeld: Was kann und darf Künstliche Intelligenz? Ein Plädoyer für Digitalen Humanismus. Piper Verlag, München, 2023

Cathy O'Neil: Angriff der Algorithmen: Wie sie Wahlen manipulieren, Berufschancen zerstören und unsere Gesundheit gefährden. Carl Hanser Verlag, München, 2017

Jeremy Rifkin: Das Zeitalter der Resilienz: Leben neu denken auf einer wilden Erde. Campus Verlag, Frankfurt / New York, 2022

Stuart Russell: Human Compatible: Künstliche Intelligenz und wie der Mensch die Kontrolle über superintelligente Maschinen behält. mitp Verlag, Frechen, 2020

Christoph Santner: Künstliche Intelligenz: Magie im Dienst der Menschheit? In: Forum Nachhaltig Wirtschaften, Altop Verlag, 02/2023, 8–17

Christoph Santner: Aus dem Tagebuch des AIdioten. In: Forum Nachhaltig Wirtschaften, Altop Verlag, 02/2023, 18–20

Christoph Santner: KI und Robotik: Die Neuerfindung der Welt? In: Forum Nachhaltig Wirtschaften, Altop Verlag, 03/2023, 10–17

Christoph Santner: Das KAIpital: Was passiert, wenn sich Kapital und KI zu KAIpital verbinden? In: Forum Nachhaltig Wirtschaften, Altop Verlag, 04/2023, 100–102

Christoph Santner: Mensch – Maschine – Maschinenmensch. In: Achtung Kultur, ORF (TV), 25.6.1992

Christoph Santner und Peter Arp: Die Zukunft unserer Welt. Teil 2: Wissenschaft und Technik. Bayerischer Rundfunk (Radiosendung), München, 26.5.1991

Christoph Santner: Eine anastrophale Begegnung: Wie Robert Jungk mein Leben und meine Zukunft prägte. In: Rolf Kreibich und Fritz Lietsch (Hrsg.): Zukunft gewinnen: Die sanfte [R]evolution für das 21. Jahrhundert – inspiriert vom Visionär Robert Jungk. Altop Verlag, München, 2015, 188–192

Christoph Santner und Holger Kuhfuss: Ich bin mein eigenes Geschöpf. Marketing in der Kreationsgesellschaft. In: Ralf T. Kreutzer und Wolfgang Merkle (Hg.): Die neue Macht des Marketing, Gabler Verlag, 2007, 201–230

Rolf Schreiber: »Hilfe Computer«: Der technische Fortschritt durch Automatisierung, Kybernetik und elektronische Datenverarbeitung. Deutscher Industrieverlag, Essen, 1969

Klaus Schwab: Die Zukunft der Vierten Industriellen Revolution: Wie wir den digitalen Wandel gemeinsam gestalten. DVA, München, 2019.

Janelle Shane: You Look Like a Thing and I Love You: How Artificial Intelligence Works and Why It's Making the World a Weirder Place. Voracious, New York, 2019

Peter Sloterdijk: Der Staat streift seine Samthandschuhe ab: Ausgewählte Gespräche und Beiträge 2020–2021. Suhrkamp, Berlin, 2021

Erica Stanford: Crypto Wars: Die Maschen der Krypto-Betrüger und wie Sie sich dagegen schützen. Börsen Medien, Kulmbach, 2022

Mustafa Suleyman: The Coming Wave: Künstliche Intelligenz, Macht und das größte Dilemma des 21. Jahrhunderts. C.H.Beck, München, 2024

Jamie Susskind: Digital Republic: Warum unsere neue Welt eine neue Ordnung braucht. Hoffmann und Campe, Hamburg, 2023

Stelarc: The Monograph. Electronic Culture: History, Theory and Practice. MIT Press, Boston, 2005

Christoph Stückelberger und Pavan Duggal: Data Ethics: Building Trust. How Digital Technologies Can Serve Humanity. Globethics, Genf, 2023

Jim Taylor und Watts Wacker: The 500-Year Delta: What Happens After What Comes Next. Capstone Publishing, Minneapolis, 1997

Max Tegmark: Leben 3.0: Mensch sein im Zeitalter Künstlicher Intelligenz. Ullstein, Berlin, 2019

Alvin Toffler: Machtbeben. Wissen, Wohlstand und Macht im 21. Jahrhundert. Econ, München, 1990

Alvin Toffler: The Third Wave. Bantam, New York, 1984

Robert Trappl: Your Virtual Butler: The Making-of. Springer, Heidelberg, 2013

Matthias Troyer: Quantum Technologies. In: The GESDA 2023 Science Breakthrough Radar. Geneva Science and Diplomacy Anticipator, Genf, 2023, 36–41

Alan M. Turing: Computing Machinery and Intelligence / Können Maschinen denken? Reclam, Ditzingen, 2023

Paul Virilio: Rasender Stillstand. Fischer Taschenbuch, Frankfurt am Main, 1997

Paul Watzlawick: Wie wirklich ist die Wirklichkeit? Wahn, Täuschung, Verstehen. Piper Verlag, München, 1976

Joseph Weizenbaum: Die Macht der Computer und die Ohnmacht der Vernunft, Suhrkamp, Berlin, 1978

Fabian Westerheide: Die KI-Nation: Zwischen Dystopie und Utopie. AI for Humans, Berlin, 2024

Konrad Zuse: Der Computer – Mein Lebenswerk. Verlag Moderne Industrie, Landsberg, 1970.

Katharina Zweig: Die KI war's! Von absurd bis tödlich: Die Tücken der künstlichen Intelligenz. Heyne, München, 2023

Bildnachweis

S.13 © Christoph Santner
S. 16 © ITU / Rowan Farrell
S. 24 © Christoph Santner
S. 38 © Christoph Santner und Christine Papadopoulos via Midjourney
S. 61 © Christoph Santner via ChatGPT / DALL-E
S. 75 © Deutsches Museum, München, Archiv, L3977-12a
S. 85 © Furhat Robotics, https://furhatrobotics.com/
S. 90 © NUCA / Benedikt Groß & Mathias Vef, www.nuca.rocks,
via www.ncbi.nlm.nih.gov/pmc/articles/PMC10613559/
S. 93 © Christoph Santner via ChatGPT / DALL-E
S. 121 © Christoph Santner via ChatGPT / DALL-E
S.122 © Pixelcut, https://www.pixelcut.ai/
S.124 © blackshark.ai, https://blackshark.ai/
S.141 © Christoph Santner via Bing.com / Copilot
S. 143 © Storybook Studios, https://www.storybookstudios.ai/
S. 160 © 2023 Mithany et al., https://www.ncbi.nlm.nih.gov/pmc/articles/
PMC10613559/
S.171 © Wizpr, via Kickstarter, https://www.kickstarter.com/projects/vtouch/
whsp-ring-voice-chat-with-ai
S. 172 © RABBIT, www.rabbit.tech/
S.176 © WEHEAD, https://wehead.com/

Register

L

M

N

O

P

R

S

T

U

V

W

Z